PUBLIÉS PAR LA

CIÉTÉ HISTORIQUE & ARCHÉOLOGIQUE DU GATINAIS

III.

CARTULAIRE

DE NOTRE-DAME

D'ÉTAMPES

PAR

L'Abbé J.-M. ALLIOT

ANCIEN VICAIRE DE SAINT-BASILE D'ÉTAMPES
MEMBRE DE LA SOCIÉTÉ.

PARIS

LIBRAIRIE ALPH. PICARD

82, rue Bonaparte.

ORLÉANS

LIBRAIRIE H. HERLUISON

17, rue Jeanne-d'Arc.

MDCCCLXXXVIII.

CARTULAIRE

DE

NOTRE-DAME D'ÉTAMPES

D. V

CARTULAIRE

NOTRE-DAME D'ÉTAMPES

INTRODUCTION

I

L'église collégiale de Notre-Dame d'Étampes avait, au moment où éclata la Révolution, comme toutes les églises quelque peu importantes, un chartrier renfermant de nombreux et précieux documents. Saisies au nom de la Nation, toutes ces richesses historiques furent déposées au district d'Étampes d'abord, puis bientôt après envoyées au chef-lieu du département, à Versailles.

Mais en 1804 ou 1805, peut-être sur une demande des curés, placés à la tête des paroisses reconstituées, ou plutôt sur un ordre émanant du pouvoir central, l'administration départementale se dessaisit des documents reçus en dépôt, et les rendit aux fabriques. Il existe aux archives de Seine-et-Oise des reçus en bonne forme, et signés par les marguilliers de chacune des quatre paroisses[1] de la ville d'Étampes, qui

---

1. La ville d'Étampes compte en effet quatre paroisses depuis la réorganisation du culte, en 1802 : Notre-Dame ; Saint-Basile ; Saint-Gilles, et Saint-Martin. — Avant la Révolution, il y avait à Étampes une cinquième

constatent cette restitution. Cette mesure qui ne profita guère aux églises, je crois, fut un malheur pour la science; car un grand nombre de ces titres ont péri; à part Notre-Dame et Saint-Basile, qui ont conservé quelques pièces de leur ancien trésor historique, on chercherait vainement ailleurs un document remontant au delà de 1802.

C'est une des épaves échappées à ce grand naufrage que, grâce à la bienveillance de M. l'archiprêtre d'Étampes[1], je puis offrir aujourd'hui au public, sous le nom de *Cartulaire de Notre-Dame d'Étampes*.

II

Qu'est-ce que le Cartulaire?

Le Cartulaire de Notre-Dame d'Étampes est un registre en papier couvert en parchemin, de format in-quarto. Il compte 189 feuillets, dont 66 seulement[2] sont écrits au recto et au verso (sauf le dernier qui n'a que le recto), soit un total de 131 pages. Chaque page mesure 28 centimètres de hauteur sur 20 de largeur, et compte d'ordinaire 37 lignes d'une écriture régulière et très serrée, assurément tracée par la même main.

Le Cartulaire est composé de 114 pièces qui s'échelonnent

église paroissiale : celle de Saint-Pierre, et de plus l'église collégiale de Sainte-Croix, sur la paroisse Saint-Basile. Ces deux églises ont été détruites durant la Révolution. — Une autre église paroissiale s'élevait aux portes de la ville; elle portait le nom de Saint-Germain-lez-Étampes, à l'endroit où est actuellement le cimetière de Morigny. Cette église, sur laquelle il n'existe que peu ou point de documents, paraît avoir été il y a un siècle dans un état de complet délabrement; et le temps ou les hommes en la renversant ne firent que hâter une ruine déjà commencée. Aujourd'hui il n'en reste pas une pierre, et le nom même de la paroisse Saint-Germain est inconnu de la plupart des habitants.

1. M. l'abbé Lheureux, curé-doyen de Notre-Dame et archiprêtre d'Étampes depuis 1881.

2. Le premier feuillet est complètement rongé dans la partie supérieure; de telle sorte que la première et la deuxième charte sont en partie détruites; mais une main moderne a rétabli les lignes qui manquaient, à l'aide du texte de Fleureau, comme nous l'apprend une note placée au haut de la première page.

de l'an 1046 à 1495, pendant une durée d'environ 450 ans. Il fut paraphé à la fin du XVIIᵉ siècle par un notaire d'Étampes, nommé *Le Vassor*, que le chapitre de Notre-Dame avait requis à cet effet.

Pour être complet dans la description en quelque sorte matérielle de ce registre, je dois dire que :

4 pièces appartiennent au XIᵉ siècle,
20 — au XIIᵉ —
38 — au XIIIᵉ —
33 — au XIVᵉ —
15 — au XVᵉ —

Quatre ne portent aucune date ; mais elles appartiennent certainement à la même période, car ces pages ne peuvent avoir été écrites après les dernières années du XVᵉ siècle.

Deux de ces pièces ne sont que des doubles, car le nᵒ XLI n'est que la reproduction du titre nᵒ XXX, et la lettre papale nᵒ XL s'est déjà présentée au nᵒ VIII.

Enfin au XVIIIᵉ siècle, ou du moins après le 24 avril 1692, date du paraphe fait par le notaire Charles Le Vassor, un long arrêt du Parlement de Paris, daté du 30 janvier 1572, a été ajouté sur notre manuscrit. Cet arrêt qui ne prend pas moins de 53 pages du registre, forme comme une sorte d'appendice au Cartulaire. Ne pouvant songer à le reproduire tout entier, j'en ai fait un résumé succinct, dans lequel j'ai soigneusement conservé tous les noms des habitants d'Étampes, rencontrés à travers les pages de ce long document judiciaire.

III

A quelle date le Cartulaire a-t-il été écrit et quel en est l'auteur ?

Ce manuscrit remonte certainement à la fin du XVᵉ siècle. En effet, aux preuves intrinsèques, vient se joindre un fait consigné dans le Cartulaire lui-même, et qui permet de serrer d'un peu plus près la date de sa composition.

Au commencement du XVIᵉ siècle, une discussion s'éleva entre l'archevêque de Sens[1], Étienne de Poncher, ou son successeur, et le chapitre de Notre-Dame d'Étampes, relativement au droit de présentation, que les chanoines exerçaient sur les deux cures de Notre-Dame et de Saint-Basile. Cette prétention de l'archevêque n'était point nouvelle, puisqu'elle avait déjà été soulevée plus de trois siècles auparavant par un de ses prédécesseurs, et qu'elle avait été réglée à l'amiable en faveur des chanoines, en 1185, par l'archevêque Guy de Noyers[2]. Pour écarter les nouvelles réclamations du métropolitain, les chanoines d'Étampes en appelèrent à leur *Cartulaire*, et mirent sous les yeux des commissaires délégués par l'archevêché la copie de l'acte de 1185 qui établissait leur droit. Le texte de notre manuscrit fut probablement contesté par les envoyés de l'archevêque, car deux notaires d'Étampes, Saincton Dodier et Jehan Maroublier, furent commis pour déchiffrer l'original qui existait alors encore dans le chartrier de la collégiale.

Ils trouvèrent cet acte « *escript en parchemin, scellé en double queue de cire blanche, auquel est l'impression par figure d'un archevesque.* » Nos deux tabellions virent également, autour du sceau, l'exergue commençant par ces mots : *Sigillum Guido...;* mais ils déclarèrent « *que l'on ne peult bonnement le lire ne cognoistre.* » Néanmoins ils firent une collation de la copie avec l'original, et, le 5 novembre 1526, ils en dressèrent le procès-verbal qui se lit au bas du 35ᵉ feuillet de notre manuscrit.

Ainsi, dès cette époque, le Cartulaire existait depuis assez longtemps déjà pour que les chanoines pussent invoquer son autorité dans le maintien de leurs droits et de leurs intérêts. Il n'y a donc pas exagération à en fixer l'origine à trente ans environ avant la date de 1526, fournie par le procès-verbal des deux tabellions Dodier et Maroublier.

Je pourrais encore ajouter cette preuve, qui ne manque pas d'une certaine valeur : c'est que tout à fait au début du xviᵉ siècle,

---

1. On ne doit pas perdre de vue qu'avant la Révolution, la ville d'Étampes dépendait de l'archevêché de Sens.

2. Voir la charte LXVI.

en 1512, le curé de l'église Saint-Basile d'Étampes, Jean Pocaire, fit transcrire également les titres de son église en forme de Cartulaire, par Daniel Pavye, son vicaire. Cette copie est présentement entre mes mains, et il suffit de placer l'un auprès de l'autre les deux manuscrits, pour être convaincu que celui de Notre-Dame est le plus ancien.

Le Cartulaire, ai-je dit, a été écrit tout entier par la même main. C'est assurément l'œuvre de l'un des chanoines qui vivaient dans le cloître de Notre-Dame vers la fin du xvᵉ siècle. Mais tous les efforts que j'ai faits pour découvrir son nom ont été inutiles.

Parmi les documents manuscrits, conservés à la mairie d'Étampes, il n'est pas un mot qui puisse nous éclairer; et, si les deux notaires experts constatent bien l'existence du Cartulaire, ils ne disent pas un mot de son auteur.

Mais s'il est impossible de pénétrer le mystère qui entoure le nom du scribe, il n'en est pas de même du but qu'il s'est proposé en rédigeant ce Cartulaire. Le chanoine d'Étampes qui a copié les titres de la collégiale, dans le manuscrit que je publie, a voulu tout simplement faire un recueil facile à consulter dans les discussions d'intérêts, de prérogatives, de droits honorifiques qui revenaient fréquemment. Le nom même de *Répertoire*, donné par le chapitre à ce recueil, suffit amplement pour justifier et prouver cette assertion.

IV

Aussi les premières pièces portent-elles invariablement ces mots, écrits par l'auteur du Cartulaire lui-même : Contre le chapitre de Sainte-Croix : *Contra capitulum Sancte Crucis; contra predictum capitulum.*

Nous voyons ensuite le long démêlé des chanoines avec leurs chapelains, qui cherchaient à jouir des mêmes droits et prérogatives que les chanoines. Cette discussion plusieurs fois séculaire nous a valu la transcription des titres de fondation de différentes chapelles, ainsi que ceux de certaines rentes; elle nous a valu également le texte des accords, des règlements, des sentences, qu'on remettait impitoyablement sous les yeux des chapelains, ou vicaires, lorsqu'ils devenaient trop entreprenants et cherchaient à se soustraire à la tutelle des chanoines.

Les droits, prérogatives et privilèges, accordés aux différentes époques, tenaient une large place dans la vie des anciennes communautés ecclésiastiques. Pour les chanoines de Notre-Dame, il fallait défendre ces droits contre les oublis et les prétentions des archevêques de Sens, ou de leurs représentants, les archidiacres. C'est l'objet d'un grand nombre de pièces de notre manuscrit.

Viennent ensuite les contestations d'intérêts avec l'abbesse de Villiers, près la Ferté-Alais, le chapitre de Saint-Gatien de Tours, le prieur de Saint-Samson d'Orléans, l'abbaye de Morigny et divers particuliers; puis l'établissement des droits du chapitre sur les deux chapelles qui se trouvaient sur la paroisse : celle de Saint-Jacques de Bedégon ou du cimetière, et celle de Saint-Laurent du château d'Étampes. Tout cela était pour les chanoines l'occasion de produire les titres justifiant les droits que leur avait concédés la piété des comtes d'Étampes et de plusieurs seigneurs des environs.

Si je joins à cette énumération déjà longue le texte de deux ou trois règlements d'ordre intérieur pour la communauté ecclésiastique qui vivait à Notre-Dame, plus quelques pièces concernant Saint-Basile et l'Hôtel-Dieu, j'aurai exposé brièvement les divisions que l'on pourrait établir entre les différentes pièces du Cartulaire.

Je crois inutile d'ajouter que ce recueil n'est point la copie complète des titres qui se trouvaient à Notre-Dame d'Étampes. Le chartrier du chapitre était beaucoup plus considérable; et nous ne saurions trop déplorer aujourd'hui la dispersion et probablement la destruction, au moins partielle, de tant de richesses historiques. Le Cartulaire que nous possédons n'a été fait que dans un but, je le répète : faciliter la défense des prérogatives, possessions, droits de toute sorte attaqués ou qui pouvaient l'être.

V

J'ai dit que les premières pièces du Cartulaire étaient destinées à soutenir les droits de l'église Notre-Dame contre le chapitre de Sainte-Croix.

La collégiale de Sainte-Croix d'Étampes avait été bâtie vers 1183 par Philippe-Auguste, ou avec son concours, sur la synagogue des Juifs, que le monarque avait chassés de son royaume. Comme à Notre-Dame, il y avait à Sainte-Croix un collège de chanoines, qui chantaient l'office et s'adonnaient à la prière; mais quoique plus nombreux que leurs confrères, ils n'avaient pas comme eux de paroisse à desservir. Ce chapitre compta, jusqu'à sa suppression, 17 prébendes. L'église à trois nefs était une des plus remarquables de la ville d'Étampes; elle offrait un spécimen parfait de cette belle architecture du XIIe siècle, et montrait un chevet couronné par une triple abside. La Révolution l'a renversée, et sur ses ruines se trouve aujourd'hui un dépôt de bois et de charbon.

Les deux églises étaient situées tout près l'une de l'autre, et les chanoines de Sainte-Croix eurent souvent à lutter contre leurs envahissants confrères qui, ne se contentant pas toujours de la première place, voulaient encore la place tout entière.

Au cours du XVIIe siècle, la querelle s'étant envenimée à l'occasion d'une question de préséance dans je ne sais plus quelle cérémonie religieuse, on fut amené à discuter l'authenticité de certaines pièces du Cartulaire[1].

VI

Le chapitre de Notre-Dame, voulant imposer sa supériorité pour établir ses droits, produisit son Cartulaire. Le litige fut porté devant le bailli d'Étampes qui condamna les chanoines de Sainte-Croix. Ceux-ci en appelèrent et profitèrent de la

1. J'ai fait des réserves pour l'une de ces pièces. — V. la charte IV et la note qui se trouve au bas de la page 3.

circonstance pour publier un mémoire, dans lequel ils refusaient toute espèce d'autorité au Cartulaire et notamment aux deux lettres de Philippe-Auguste, datées de Saint-Jean d'Acre, ains qu'à la bulle du pape Clément III, datée du palais de Latran la quatrième année de son pontificat[1].

Le chapitre de Notre-Dame alléguait qu'il avait été jugé supérieur à celui de Sainte-Croix « par une sentence arbitrale de 1191[2], suivie de lettres patentes et de bulles qui l'ont confirmée, lesquelles marquent que le chapitre de Sainte-Croix, ayant été supprimé, ne fut rétably qu'à condition de demeurer soumis à celuy de Notre-Dame. »

Voici la réponse que faisaient les chanoines de Sainte-Croix; elle mérite d'être donnée toute entière :

Cette prétendue sentence arbitrale n'est point rapportée, et les prétendues lettres-patentes et bulles confirmatives ne le sont que par copie non signée[3], dans un prétendu Cartulaire, que le seul titre rend extrêmement suspect[4], paroissant fait pour usurper la supériorité dont il s'agit, et d'ailleurs d'une écriture peu ancienne[5]. L'auteur du savant traité *De re diplomatica*[6], quoy qu'il se déclare le deffenseur des Cartulaires, assure

---

1. Voyez chartes I, IV et V.

2. C'est 1190 qu'il fallait dire, puisque la commission donnée à Maurice de Sully est de 1190 au mois d'avril, et que cette sentence fut rendue presque immédiatement.

3. Les chanoines de Sainte-Croix étaient-ils bien sûrs que le chapitre de Notre-Dame n'avait pas dans son trésor les originaux ou les authentiques de quelques-unes au moins de ces pièces? Pour moi j'en doute; ou mieux la charte nº II datée de Fontainebleau était authentique et signée, cela n'est pas douteux.

4. Le Cartulaire n'avait aucun titre. Celui auquel les chanoines de Sainte-Croix faisaient allusion était celui de la première pièce. Il était ainsi conçu : *Quomodo clerici Sancte Crucis habent corrigi per capitulum Beate Marie.* On conçoit aisément qu'un pareil titre ne fut guère agréable aux membres du chapitre de Sainte-Croix; toutefois cela n'est pas suffisant pour nier l'authenticité de la lettre royale qui lui fait suite. Ajoutons à cela que Fleureau qui cite cette charte n'élève pas le moindre doute à son sujet. Elle n'a pas été contestée davantage par le moderne éditeur des mandements de Philippe-Auguste, M. Léopold Delisle.

5. Les chanoines de Sainte-Croix ignoraient assurément la collation et le procès-verbal faits en 1526, et dont j'ai parlé plus haut, et n'avaient d'ailleurs jamais vu le Cartulaire très probablement.

6. Mabillon.

que cela suffit pour qu'ils ne fassent aucune foy; et convient que dans les meilleurs il y a souvent des titres faux : *Falsum promiscue cum veris ac legitimis confundebant;* l'on ne peut après cela y avoir un fort grand égard.

Dans l'espèce particulière, il y a des preuves sensibles de la fausseté dont il s'agit : 1o Pour qu'elles fussent véritables, il faudrait que Philippe-Auguste, qui avait fondé le chapitre de Sainte-Croix en 1183, l'eut supprimé sans connaissance de cause en 1189, et qu'en 1190 leur ayant donné des commissaires, ils (les commissaires) aient rendu cette sentence arbitrale, et qu'elle ait été portée en même temps en Syrie et à Rome : c'est de quoy ne parlent ny Rigord qui a écrit les particularitéz de la vie de ce prince, ny aucun auteur contemporain;

2o Il est contre le bon sens de croire qu'il (Philippe-Auguste) eut nommé comme on le suppose, pour juger ce différend, ceux qu'on dit avoir été les ennemis déclaréz du chapitre de Sainte-Croix, et qui le luy avaient fait supprimer; outre qu'il n'est pas croyable que Maurice de Sully, évesque de Paris, l'un des plus savants hommes de son siècle, ait rendu cette sentence absolument injuste, et précisément contraire à l'autorité épiscopale.

Enfin il est impossible sans miracle d'accorder ces prétendues lettres-patentes avec la bulle de Clément III, qu'on prétend les avoir confirmées; ces lettres paraissant avoir esté données à Acre, en Syrie, en 1191, et cette bulle estant dattée du 23 janvier de cette même année 1191 [1], puisque Clément III est mort le 10 avril ensuivant, au lieu que le Roy n'arriva en Syrie qu'à la fin du même mois d'avril [2], en sorte qu'il faudrait que le pape les eut confirmées avant qu'elles eussent été données; d'ailleurs elles portent que la charge de grand sénéschal était vacante, ce qui n'estoit pas vraye en janvier 1191; Thibault, comte de Blois, qui la possédoit n'ayant esté tué qu'à la fin du siège d'Acre, commencé au mois d'avril,

---

1. Il y a quelque confusion dans tout cela. La bulle, à laquelle il est fait allusion, se trouve dans le Cartulaire sous le no VII. Elle est datée de Latran le 10 des calendes de février (23 janvier), année 1190 (a. s.), 1191 (n. s.). Pour que cette bulle soit fausse, il faut en même temps que celle de Célestin III et celle d'Innocent III qui l'ont confirmée soient fausses aussi. C'est ce que les chanoines de Sainte-Croix eussent été bien en peine de prouver, ce me semble. D'ailleurs Fleureau si bien au courant de toute cette discussion, rapporte tout au long la sentence arbitrale, objet du présent litige, et n'émet pas le moindre doute sur les confirmations papales dont elle fut l'objet; il cite même comme des authentiques indiscutables les lettres confirmatives des papes Célestin et Innocent. (Cf. Fleureau, pp. 387, 388, 390 et suiv.)

2. Les chanoines de Sainte-Croix sont ici en défaut, et malgré le doute que j'ai moi-même émis sur cette lettre du Roi (v. note, p. 3), il n'en est pas moins vrai qu'elle est bien datée.

lequel dura cinq mois entiers : ces *acronysmes (sic)* sont des preuves invincibles de la fausseté.

L'on a cru les pouvoir éluder dans les dernières écritures, en faisant une histoire toute nouvelle et contraire à ce que l'on avait écrit dans les précédentes : l'on y a changé la date de la prétendue sentence arbitrale, qu'on dit estre de 1190, et l'on a prétendu tantost que la bulle confirmative avoit précédé les lettres-patentes, et d'autres fois qu'elle n'avoit esté que de Clément IV au lieu de Clément III. Ces changements ne rendent pas la cause des demandeurs plus favorables, puisqu'il n'est pas permis de varier ainsi en justice : — 1o Cette nouvelle datte ne s'accorde ny avec le prétendu Cartulaire, ny avec ce qu'en dit l'auteur des *Antiquitéz d'Estampes* [1]; — 2o Il n'est pas naturel qu'on n'eust (qu'on eut) envoyé confirmer à Rome cette prétendue sentence, qu'on dit avoir esté rendue de l'ordre du Roy, sans qu'il en eust eu auparavant connaissance ; et enfin il n'est pas possible que cette bulle ait esté de Clément IV, lequel n'a esté pape qu'en 1245 [2], puisqu'il en est fait mention dans celle qu'on dit estre d'Innocent III de 1209 [3].

Comme on le voit, c'était parler bien peu respectueusement de notre Cartulaire. Après l'avoir rejeté en bloc, les chanoines de Sainte-Croix font une guerre acharnée à ses quatorze premières chartes, dont quelques-unes au moins ne me paraissent pas attaquables [4]. Et quand même il serait prouvé que quelques-

---

1. Dom Basile Fleureau, religieux Barnabite, étampais d'origine. Il écrivit les Antiquités de sa ville natale. Son livre publié, après sa mort, est une des sources les plus précieuses pour l'histoire locale. Fleureau peut même être regardé comme le père de l'histoire d'Étampes ; car tous ceux qui sont venus après lui n'ont cessé de lui faire de nombreux emprunts. J'ai moi-même invoqué souvent son témoignage. — *Antiquitéz de la ville et du duché d'Estampes*. A Paris, chez J.-B. Coignard, in-4o, 1683.

2. C'est 1265 qu'il fallait dire.

3. *Factum* pour les doyen, chantre, chanoines de l'église roïale de Sainte-Croix d'Estampes, appellans, defendeurs et demandeurs. — Contre les chantre et chanoines de l'église roïale de Notre-Dame de la même ville intiméz, demandeurs et deffendeurs.

Cette brochure est conservée à la bibliothèque communale de la ville d'Étampes, mais la date et le nom de l'éditeur ont été détruits s'ils ont jamais existé.

4. Je n'ai point trouvé la réponse du chapitre de Notre-Dame à cette diatribe dont je ne cite qu'un extrait, mais je suis convaincu que cette réponse existe, et qu'elle n'est peut-être pas introuvable dans le fonds encore inexploré de ce qui reste des archives de Notre-Dame, au presbitère de l'archiprêtre d'Étampes.

uns des documents qui y sont contenus sont apocryphes, il
n'en demeure pas moins incontestable que l'immense majorité
de ces documents sont d'une authenticité qui défie toutes les
attaques de la critique.

Je ne m'arrêterai pas davantage à discuter les raisons et les
allégations du chapitre de Sainte-Croix. Je veux seulement faire
remarquer qu'il se pourrait que le doute élevé sur l'authenticité
de quelques-uns des documents contenus dans le Cartulaire
fût le motif vrai, la principale raison, pour lesquels on cachait
avec tant de soin le nom de son auteur. On évitait de la sorte
l'inconvénient toujours grave de faire attacher à ce nom l'épi-
thète déshonorante de faussaire.

De plus, ce fut ce pamphlet de leurs confrères qui décida, je
crois, les chanoines de Notre-Dame à faire parapher leur
manuscrit ou leur *Répertoire*, comme ils l'appelaient, pour lui
donner une sorte d'autorité et de consécration légales. De là,
l'acte du 24 avril 1692, par lequel le notaire Charles Le Vassor
fit comme un inventaire ou une reconnaissance du Cartulaire,
en en cotant et paraphant toutes les pages.

VII

Tout près de la collégiale de Notre-Dame d'Étampes s'élève
l'église Saint-Basile[1]. Fondée en même temps que Notre-
Dame[2], dans le but de pouvoir exercer tranquillement les
fonctions curiales : baptêmes, mariages, sépultures, sans trou-
bler l'office canonial qui se faisait chaque jour dans la collégiale, Saint-Basile ne fut d'abord qu'une sorte de succursale
de Notre-Dame, quelque chose de semblable à ce que nous
appelons une chapelle de secours, dont les chanoines avaient
la libre disposition et l'entier gouvernement. L'histoire de ces
deux églises est intimement liée, et on ne peut guère traiter de
l'une sans parler en même temps de l'autre.

---

1. La distance entre les deux églises n'atteint pas 200 mètres.
2. Son existence est constatée dès l'an 1046 dans la charte du roi
Henri Ier. — V. charte XXVIII.

A l'origine, le chapitre avait peut-être simplement délégué à Saint-Basile l'un de ses membres pour exercer la charge pastorale sur tous les habitants qui vivaient à l'ombre du château d'Étampes. Mais les corps sociaux, comme les individus, aiment à vivre de leur vie propre, et un siècle ne s'était pas encore écoulé depuis la double fondation de Notre-Dame et de Saint-Basile, que celle-ci avait déjà conquis une sorte d'indépendance[1], si bien que l'archevêque de Sens croyait pouvoir nommer à cette cure, comme aux autres cures libres de son diocèse. Le chapitre de Notre-Dame réclama, et on fit une transaction[2]. Moins d'un siècle après ce premier différend réglé, en 1226[3], la séparation totale et complète fut consommée. On donna à chacune des deux églises un territoire propre, qui devint sa paroisse, et par conséquent une organisation séparée et définitive. Saint-Basile avait conquis son autonomie et son indépendance.

Malgré cette séparation, faite à la requête du chapitre de Notre-Dame, assure le Cartulaire, les chanoines n'en continuèrent pas moins à afficher des prétentions parfois exorbitantes sur la cure de Saint-Basile. A travers les âges, ils ne cessent de se dire les curés primitifs de cette église ; et à les entendre, le prêtre placé à la tête de cette paroisse n'est autre chose que leur vicaire. Et jusqu'en plein xviiie siècle, j'ai surpris l'un des membres du chapitre, qui venait de donner la sépulture à l'abbé Jouan, décédé curé de Saint-Basile, dressant un acte de décès larmoyant, dans lequel il a soin de glisser tout doucement que ce curé, auquel il vient de rendre les derniers honneurs, n'était que le vicaire perpétuel du vénérable chapitre de Notre-Dame[4].

Comme bien on pense, ces insoutenables prétentions amenèrent de nombreux débats dans le courant de sept siècles ; et j'imagine que la fondation de Saint-Basile, demandée au roi

---

1. Cette constatation peut se faire dès 1119. — Voyez charte XVI.
2. En 1127. — V. charte XXV.
3. V. charte XXI.
4. Archives municipales d'Étampes. Registres paroissiaux de Saint-Basile.

Robert, par le chapitre de Notre-Dame, dit-on, ne dut point être sans repentance. Cependant les curés de Saint-Basile se contentaient la plupart du temps de sourire des droits imaginaires que voulaient s'arroger leurs voisins. Ils leur laissaient même assez volontiers le nom de curés primitifs, pourvu toutefois que ceux-ci ne tentassent pas de convertir en acte ce titre un peu naïf.

Ce fut ce qui arriva au sujet de la fête de Saint-Laurent, que le chapitre de Notre-Dame venait célébrer à Saint-Basile depuis 1415. Tout alla bien d'abord, mais ensuite les chanoines élevèrent la prétention de tout régler par eux-mêmes indépendamment de la volonté du curé; et, qui plus est, de percevoir et de garder pour eux les oblations que les fidèles faisaient dans cette circonstance. De là un long procès qui n'a laissé que peu de traces dans le Cartulaire, et dont Fleureau a noté la continuation au cours du XVIIe siècle[1].

Je m'étonnais du silence relatif gardé sur ce débat et sur plusieurs autres, par notre manuscrit, dont le but, comme je l'ai dit, était d'enregistrer les controverses du chapitre, lorsqu'un mot de l'historien d'Étampes est venu me révéler l'existence d'un autre registre dans le chartrier de Notre-Dame.

« J'ai leu, dit Fleureau[2], dans un vieil registre de Notre-Dame, que cette année-là (1415) ceux du chapitre convinrent avec Pierre Ridet, curé de Saint-Basile, de célébrer à l'avenir dans cette église le service de ce saint martyr[3] (saint Laurent). »

Il y avait donc à Notre-Dame d'autres registres, peut-être une sorte de coutumier, et comme malgré tout Saint-Basile était toujours regardé comme de la famille, il y avait sa place marquée. Hélas! ce *vieil* registre, que Fleureau feuilleta et qui pour nous serait si précieux, a disparu avec bien d'autres richesses historiques.

VIII

Mais ce sur quoi le Cartulaire contient les plus précieux

1. Cf. Fleureau, p. 407.
2-3. Cf. Fleureau, p. 400.

renseignements, c'est sur l'histoire de ce beau chapitre royal de Notre-Dame et sur sa magnifique basilique, debout encore après tantôt neuf siècles, et dont le passé n'est point tout à fait sans gloire.

Fondée en 1022[1] par Robert le Pieux, roi de France, l'église Notre-Dame reçut un collège de douze chanoines, à la tête desquels était placé un abbé, comme chef de la communauté. On adjoignit aux chanoines, peut-être dès l'origine, dans tous les cas peu de temps après la fondation, des vicaires ou chapelains, dont le nombre varia aux différentes époques et s'éleva jusqu'à dix-sept, durant les âges de foi et de ferveur religieuse[2].

Ce nom d'abbé, attribué au chef d'une communauté d'ecclésiastiques, a fait croire à quelques-uns que le pieux fondateur de Notre-Dame avait d'abord donné cette église à des Réguliers, et qu'elle était au commencement une sorte de monastère. Rien dans le Cartulaire n'appuie cette opinion, qui ne me semble pas soutenable, bien qu'il soit possible que les premiers chanoines établis dans la collégiale fussent des religieux rendus à la vie de clercs séculiers; le fait, pour être rare, n'est pas

---

1. Avant la fondation faite par le roi Robert, les chrétiens de cette partie de la ville d'Étampes avaient déjà une église à l'endroit même où le pieux roi fit élever Notre-Dame. Fleureau a constaté l'existence de cet ancien temple; il a même nommé le saint sous le vocable duquel était érigé cet ancien sanctuaire. Mais il se trompe, lorsqu'il dit que ce premier monument a été totalement détruit. L'église Notre-Dame le recouvre tout entier, mais il existe encore, en partie du moins; et ce que nous nommons aujourd'hui la crypte de Notre-Dame n'est autre chose que l'abside de cette première église. Il suffit de descendre dans la crypte pour se rendre compte que cet édicule était autrefois en plein air; les fenêtres qui l'ajouraient existent encore, avec leurs baies largement évasées en dedans, comme dans tous les anciens monuments. C'est par les alluvions successives et les terrassements sans cesse renouvelés, que cet édifice se trouve si profondément enseveli et placé au-dessous du niveau actuel de tout ce qui l'entoure.

2. Au XIVe et au XVe siècle, il y eut même des vicaires des chapelains, ce qui constitua une troisième catégorie d'ecclésiastiques à Notre-Dame. Les nombreuses fondations de chapelles faites par saint Louis, par les comtes d'Étampes et même par des particuliers, avaient nécessité cette augmentation du nombre des prêtres dans la collégiale.

sans exemple dans les temps anciens. Le nom d'abbé disparut d'ailleurs avec le temps, et dès le commencement du xiii⁰ siècle, le supérieur des chanoines était le chantre, élu librement par ses confrères, usage qui se perpétua jusqu'à la Révolution. A partir de l'an 1210, le titre d'abbé de Notre-Dame, supprimé de fait parmi les membres du chapitre, paraît avoir été retenu par quelques-uns de nos rois, successeurs du pieux fondateur. Mais ce titre ne me semble avoir été pour le monarque qu'un simple moyen de battre monnaie en percevant certains droits fiscaux, qui furent abandonnés peu à peu par saint Louis et ses successeurs.

Outre les chanoines[1], il y avait à Notre-Dame des chapelains qui possédait chacun un véritable bénéfice. La nomination de ces chapelains appartenait au chapitre, mais celui-ci ne pouvait dépouiller le prêtre pourvu d'une chapellenie, sinon pour le punir d'une faute bien constatée; il ne pouvait pas même faire passer le chapelain d'une chapelle à une autre[2].

En 1231, intervint entre les chanoines et les chapelains un sage règlement qui mettait en commun tous les biens de l'église Notre-Dame et en réglait la distribution entre chacun des bénéficiers[3]. C'est ce qu'on nomma la formation de la communauté.

Cet accord et cette communauté des biens servirent de base aux chapelains pour réclamer dans la suite la complète égalité de traitement, de droits et d'honneurs entre eux et les chanoines, leurs supérieurs. Déboutés de cette prétention, nous les voyons sans cesse revenir à la charge; et bien que leur nombre et leur importance aient de beaucoup diminué dans le courant du xviii⁰ siècle, ils maintinrent, malgré les accords, les

---

1. Le nombre des chanoines de Notre-Dame varia à différentes époques. Il fut d'abord de douze, non compris le supérieur, ou l'abbé. Au xiii⁰ siècle, il fut de onze par suite de la suppression d'une prébende. En 1529, on en supprima une autre en faveur des enfants de chœur. Mais pendant le xvii⁰ siècle, il y eut de nouveau douze chanoines, comme il est facile de le voir dans le *Factum* fait par les chanoines de Sainte-Croix et que j'ai cité plus haut.

2. V. charte XV.

3. V. charte XXX.

règlements, les jugements et les sentences, une partie de leurs réclamations, jusqu'à la Révolution française qui mit tout le monde d'accord.

Dans les ombres du XIVᵉ siècle, on voit se dégager du milieu des bénéficiers de Notre-Dame un personnage, dont le rôle tout modeste d'abord ne cessera de grandir, et finira par absorber presque toute l'autorité, tous les droits, tous les honneurs : ce personnage, c'est le curé. A l'origine son rôle est si effacé, qu'il est à peine visible. Sa fonction jugée toute matérielle est dévolue à l'un des membres du chapitre, le chanoine chevecier d'ordinaire[1]. Tout en étant le curé de la paroisse, il est obligé de faire diacre ou sous-diacre aux offices solennels du chapitre. Pour ses offices paroissiaux, il a un modeste autel dans un des coins de la collégiale ; ses confrères le citent à leur barre, l'admonestent, le réprimandent et le condamnent quelquefois[2]. Mais le curé, qui par la nature de ses fonctions est sans cesse en rapport avec les paroissiens, obtient peu à peu pour eux des concessions, qui lui profitent à lui-même.

A la suite ou durant la guerre de Cent Ans, on lui permet de quitter son autel latéral[3], et de se servir de l'autel principal pour les fonctions curiales. Cette concession, qui ne fut d'abord que temporaire, devint perpétuelle par les soins et l'habileté des curés, qui se succédèrent et poursuivirent toujours le même but. Le changement des mœurs aidant, l'importance des curés grandit tant et si bien qu'ils devinrent peu à peu les plus puissants, sinon les premiers personnages du chapitre de Notre-Dame ; et lorsque l'ancien ordre de choses

---

1. Celui qui avait le soin du matériel du chœur : livres de chant, luminaire, etc.

2. V. charte XXIV.

3. Durant un certain temps, la place concédée au curé pour y remplir les fonctions curiales fut encombrée. Il n'est pas impossible que l'église Notre-Dame, qui extérieurement ressemble à une forteresse crénelée, n'ait vu l'une de ses nefs convertie en ambulance, comme le veut une tradition, et n'ait servi elle-même de lieu de refuge aux paroissiens apeurés, dans l'un des sièges que la ville eut à soutenir, pendant la douloureuse époque de la domination anglaise.

s'écroula, la dignité de chantre naguère si enviée n'était plus que l'égale de celle de curé de la paroisse.

IX

Les titres du Cartulaire relatifs à l'abbaye de Morigny, située aux portes d'Étampes, n'apprennent que bien peu de choses touchant l'histoire de cette célèbre communauté de Bénédictins, dont la fondation fut presque contemporaine de celle de l'église Notre-Dame.

Je trouve l'abbé de Morigny assistant à la nomination du chantre ou supérieur du chapitre chaque fois qu'il y a lieu à élection. Ce n'est pas en vertu d'un droit qu'il a sur les chanoines, il est là à titre d'hôte et d'ami ; et la dignité dont il est revêtu rehausse la cérémonie à laquelle il préside d'ordinaire.

Quand les intérêts temporels de l'abbaye et ceux du chapitre sont en contact et peuvent donner lieu à un litige, — ce qui arrivait souvent, — l'affaire se termine toujours par un accord. « C'est pour eschever (éviter) rigueur de procéz et pour paix et amour nourir entr'eux, » dit un des documents du Cartulaire et qui porte la date de 1397[1].

Des difficultés survenues au sujet du droit de sépulture et auquel Fleureau fait allusion, il n'est pas resté trace dans le Cartulaire : et contrairement à ce qui se passait pour Sainte-Croix, l'entente la plus cordiale et la plus religieuse me paraît avoir régné entre les deux familles sacerdotales de Notre-Dame et de Morigny, dont j'ai eu à suivre l'histoire[2].

X

Ce n'est point uniquement pour ces données sur l'histoire ecclésiastique d'Étampes et des environs, pas plus que pour apprendre la vie du clergé de nos contrées au moyen âge, que

---

1. V. charte LXXXVI.
2. V. chartes LXXXIV et suiv.

j'ai lu le Cartulaire. Ce double point de vue avait son charme et son intérêt, mais j'y ai cherché autre chose.

Ce n'est pas davantage pour les résultats qu'on en peut tirer au sujet de notre histoire nationale, que j'ai consenti à sa publication; car la lecture du Cartulaire n'offre rien qui puisse modifier l'histoire générale de notre pays, bien qu'il renferme *vingt-quatre* lettres royales, *neuf* bulles papales, *dix-sept* lettres épiscopales, *dix* lettres des comtes d'Étampes, et plusieurs autres émanants de personnages historiques. Tous ces documents sont intéressants et quelques-uns mêmes inédits, mais ce que j'ai aimé surtout à rencontrer dans notre Cartulaire, ce sont les détails d'histoire locale, complètement inconnus, ou totalement oubliés. Que de noms de lieuxdits défigurés ou totalement disparus y sont rappelés! Combien de villages, de hameaux du Gâtinais et de la Beauce seront étonnés de voir leur existence remonter à cinq ou six siècles! Et dans ces hameaux, que de modifications le temps n'a-t-il pas apportées avec lui! Qui se douterait, par exemple, que cette ferme isolée et triste de Chandoux, perdue là-bas dans la plaine de Beauce, existait déjà en 1046? Qu'elle avait même une certaine importance, puisqu'il s'y trouvait une mairie et un maire, c'est-à-dire un régisseur ou un administrateur[1]?

Et ce petit pays de Brières-les-Scellés, dont le souvenir m'est resté si cher, lui si inconnu aujourd'hui, si oublié entre ses collines et au fond de sa vallée, ne sera-t-il pas étonné et heureux à la fois d'apprendre que plusieurs de ses habitants, ses bourgeois, pour parler comme notre manuscrit, faisaient jadis figure auprès de ceux d'Étampes, jouissaient des mêmes droits et des mêmes privilèges devant les rois, les comtes et autres grands seigneurs, maîtres d'Étampes.

A côté des noms de pays, ne puis-je pas signaler les noms de familles disparues, dont plusieurs étaient contemporaines des Croisades, et y avaient quelques-uns de leurs membres? Les Gravelle, les Richarville, les Paviot, les Outarville, les des Mazis, et tant d'autres, dont les noms ne se trouvent point dans

1. V. chartes nº XCV et XCVI.

les grands recueils spéciaux du xvIIᵉ siècle, et à plus forte
raison dans ceux du nôtre.

En me plaçant à un autre point de vue, n'ai-je pas le droit de
signaler aux érudits et aux savants de notre époque, si avides
de connaître tout ce qui touche à l'instruction, des titres
comme la pièce n° LX, laquelle relate la nomination d'un maître
d'école, dans le cloître de Notre-Dame, en plein xIVᵉ siècle?
Que diront en face de ce document ceux qui s'imaginent que
ce sont nos contemporains qui ont vu naître l'école populaire?

XI

Enfin, ce qui m'a plus touché que tout le reste dans les
pages du Cartulaire, c'est de voir dans le lointain des âges
l'union de la population d'Étampes avec son clergé, la place
que le peuple donnait alors à la religion dans ses préoccupa-
tions quotidiennes. Car, ce ne furent pas seulement des rois,
comme saint Louis, ni des princes comme ce Louis d'Évreux,
comte d'Étampes, lequel dota si magnifiquement Notre-Dame,
qui firent des fondations pieuses dans la collégiale. J'y trouve
également, au nombre des fondateurs et des bienfaiteurs, les
noms de Jean Bourginel, de Regnault Lebrun, des frères Huë,
de Guillaume Célérier, qui tous appartenaient à la classe
moyenne, pour ne pas dire populaire, et qui donnaient partie
de leurs biens temporels à l'église, afin de sauver leur âme et
d'acheter le ciel! Ah! c'est qu'on n'avait pas encore appris aux
petits et aux humbles à se passer de Dieu; à croire que tout
finit ici-bas; on ne leur avait pas encore dit que le prêtre était
leur ennemi, l'église leur spoliatrice; on n'avait pas encore
soufflé au cœur du peuple la haine, le mépris, l'indifférence,
l'irréligion, l'impiété!...

XII

La lecture de notre Cartulaire m'avait donné l'idée de le
mettre au jour, mais comment faire cette publication qui, à

cause de l'importance du manuscrit, allait demander beaucoup de temps et beaucoup d'argent? Or, il n'y avait point à s'y tromper, le Cartulaire, si intéressant qu'il soit pour nous, n'est cependant point une œuvre totalement inédite. Fleureau, dans ses *Antiquitéz d'Étampes*, en a publié un grand nombre de pièces : 42 sur 114. Il est vrai que l'ouvrage de Fleureau est à peu près introuvable; il fait l'ornement de quelques bibliothèques privilégiées; et lorsque par hasard il en apparaît un exemplaire dans quelque vente publique, les prix exorbitants qu'il atteint l'empêchent d'être à la portée de toutes les bourses, et par conséquent de tous les lecteurs. Et de tous les efforts tentés dans ces derniers temps pour en donner une nouvelle édition, aucun n'a encore, que je sache, été jusqu'ici couronné de succès. De plus je ne puis me départir de cette pensée : c'est que Fleureau n'a jamais vu, ou du moins jamais lu le Cartulaire. Les chanoines de Notre-Dame ne communiquaient pas facilement leur *Répertoire;* et les différences qui existent entre le texte de Fleureau et celui de notre manuscrit, la diversité des dates entre les pièces des deux textes, tout cela me confirme de plus en plus dans mon opinion.

Il n'y a pas que Fleureau qui ait eu connaissance des documents contenus dans le Cartulaire. Il a été signalé à plus d'un chercheur[1]. Des mains indiscrètes l'ont annoté, ont essayé des titres pour chaque pièce, écrit sur les marges; l'une d'elles a même essayé de rédiger une table.

M. Maxime de Montrond l'a consulté pour son ouvrage sur Étampes. — Une légende, dont je ne garantis pas l'authenticité, dit que notre Cartulaire fut aussi communiqué, il y a quelque trente ans, à un professeur pour le publier. On ajoute que ce manuscrit voyagea dans le midi avec son futur éditeur, et qu'après avoir visité Carcassonne ou quelque ville voisine, il rentra, non sans peine, au presbytère de Notre-Dame, qu'il aurait bien dû ne pas quitter.

Au milieu de tous ces emprunts faits au Cartulaire et de ces

---

1. Je l'ai moi-même communiqué à M. A. Luchaire qui l'a utilisé pour son *Catalogue des actes de Louis VII.*

diverses tentatives de publications, il fallait se décider et adopter un mode de publication, qui ne prît pas trop de temps et qui ne grevât pas trop le budget de la *Société historique et archéologique du Gâtinais* qui s'était chargée de publier notre Cartulaire.

Voici le parti auquel on s'arrêta : Donner dans un titre succinct toutes les pièces publiées par Fleureau, en renvoyant à la page de son ouvrage pour le texte même de la charte. Conserver toujours l'ordre des pièces observé par le Cartulaire et indiquer, dans des notes, les différences entre les deux textes lorsqu'il s'en présente. Publier intégralement tous les documents qui ne se trouvent pas dans le vieil historien d'Étampes.

XIII

Même pour cette publication restreinte, j'étais bien novice. Aussi, là encore, ai-je été bien heureux de rencontrer le bienveillant concours de M. Stein, notre secrétaire. Il a libéralement mis à ma disposition sa science des vieilles écritures et sa vaste érudition. Souvent il a corrigé des erreurs que je n'eusse point su éviter. Quelques-unes des notes qui citent des publications modernes ont été rédigées par lui; c'est justice de le dire, et j'ai plaisir à le reconnaître, en le priant d'en accepter mes sincères remerciements.

Pour les notes historiques, j'ai souvent eu recours aux divers historiens d'Étampes, à Fleureau principalement. Mais j'ai trouvé aussi de précieux renseignements dans les *Rues d'Étampes*, de notre confrère, M. Léon Marquis. Même lorsqu'il m'est arrivé de dire, dans mes notes, que les noms de tel ou tel officier de la justice, comme les baillis ou prévôts, ne se trouvent pas dans Marquis, c'est dans la *Rapsodie* citée par lui à la fin de son ouvrage qu'il faut lire; car plusieurs de ces personnages ont trouvé place dans une liste dressée par l'auteur lui-même et qui se trouve à la page 51 de son volume.

Tel est le résumé que j'ai cru devoir faire pour initier le lecteur aux matières contenues dans le Cartulaire. Puisse cette publication, que j'aurais voulue plus complète et plus parfaite, contribuer à faire mieux connaître notre pays, son histoire, son passé; et si j'atteins ce but, je me tiendrai comme largement indemnisé de mes efforts.

Bures, le 19 mars 1888.

CHARTULARIUM

ECCLESIE

BEATE MARIE STAMPENSIS

I.

Sentence de Philippe II, roi de France, prononcée contre les chanoines et le chapitre de Sainte-Croix d'Étampes.

Saint-Jean-d'Acre, 1191.

[Publiée par D. Fleureau, p. 389.]

II.

Donation[1] faite par Philippe II, roi de France, au chapitre de Notre-Dame d'Étampes, de l'église Sainte-Croix avec tous ses biens, privilèges et revenus.

Fontainebleau, 1189.

[Publ. par D. Fleureau, p. 384.]

---

1. Cette donation fut révoquée quelques jours plus tard. — Cf. FLEUREAU, p. 385 et suivantes.

III.

Commission donnée par Philippe II à Maurice, évêque de Paris, au doyen, au chantre, au chancelier de la même église, et à l'abbé de Sainte-Geneviève, à l'effet de régler le différend soulevé entre le chapitre de Notre-Dame et celui de Sainte-Croix d'Étampes.

Avril 1190.

[Publ. par D. Fleureau, p. 386.]

IV.

Mandement de Philippe II au bailli et au prévôt d'Étampes de faire exécuter la sentence des commissaires royaux contre le chapitre de Sainte-Croix d'Étampes.

Saint-Jean-d'Acre, 1191.

Philippus Dei gratia Francorum rex amicis et fidelibus suis Ballivis et Preposito Stampensibus salutem et dilectionem.

In Ballivia vestra ideo vos constituimus ut jura ecclesiarum et principum intemerata servaretis. Hic autem ex quorumdam relatione cognovimus, unde plurimum sumus admirati, quod canonicos ecclesie nostre Beate Marie Stampensis in petitionibus suis minus juste exauditis; immo tam vos quam prepositum duros et eorum juri contrarios invenerunt. Quum igitur juri eorum et justitie sancte debemus, mandamus vobis et districte precipimus, sicut cara habetis corpora vestra, quatenus id quod judices ex mandato nostro statuerint super causam que vertebatur inter canonicos predicte ecclesie et clericos Sancte Crucis firmiter et absque ulla retractatione sive contradictione aliqua, quotiens a canonicis Beate Marie vel ab aliquo eorum requisiti fueritis, observari faciatis. Si autem, quod non credimus, aliter ab aliquo vestrum presumptum

fuerit, de mandatis nostris transgressorem gravi animadver-
sione vindicabimus.

Actum apud Acon, anno Incarnati Verbi MCLXXXXI, mense
junio.

Sigillata sigillo magno regali cere albe[1].

V.

*Bulle du pape Célestin III, portant confirmation de la sen-
tence des commissaires royaux contre le chapitre de
Sainte-Croix et en faveur du chapitre de Notre-Dame
d'Étampes.*

Rome, palais de Latran, 1191.

[Publ. par D. Fleureau, p. 390.]

VI.

*Bulle du même pape Célestin III, portant défense de bâtir
aucune église ou oratoire dans les limites des paroisses
Notre-Dame et Saint-Basile d'Étampes[2], sans la permis-*

---

1. Cette pièce est restée inconnue à M. Léopold Delisle (*Catalogue
des mandements de Philippe-Auguste,* Paris, 1859, in-8o); mais doit-elle
trouver place parmi les documents émanés de l'autorité royale? Nous se-
rions assez disposé, quant à nous, à la considérer comme pièce fausse, et
sans vouloir nous prononcer catégoriquement à ce sujet, nous essaierons
d'exposer les raisons qui nous portent à en suspecter l'authenticité. — Ce
document est, il est vrai, bien daté : Philippe-Auguste était à Saint-Jean-
d'Acre (Syrie), en juin 1191; mais le faussaire avait sous les yeux une pièce
analogue (voir no I), et il n'a fait que copier purement et simplement l'indication du lieu et de la date qu'elle portait. — Par contre, le style en
divers endroits *(unde plurimum sumus admirati, sicut cara habetis corpora
vestra)* est rempli d'expressions tout à fait inusitées à la chancellerie royale
et paraissant empruntées plutôt par un clerc inhabile à des actes de l'autorité ecclésiastique. — La mention indubitable de plusieurs baillis à
Étampes, sous le règne de Philippe-Auguste, peut en outre faire supposer
que la rédaction de l'acte est bien postérieure à cette époque.

2. Il est à remarquer que Saint-Basile n'existait pas encore à cette

sion du chapitre de Notre-Dame, ou celle de l'archevêque de Sens.

Rome, palais de Latran, 1191.

Quomodo nullus potest edificare ecclesiam vel oratorium sine licentia capituli Beate Marie de Stampis infra limites parochie Beate Marie et Sancti Basilii.

Celestinus episcopus servus servorum Dei, dilecto filio Oddoni Clementis, Abbati Sancte Marie Stampensis, notario karissimi in Christo filii nostri illustris Francorum regis, salutem et apostolicam benedictionem.

Pie postulatio voluntatis effectu debet prosequente compleri, ut ecclesiasticarum personarum devotio laudabiliter enitescat, et utilitas postulata vires indubitanter assumat. Ea propter precibus tuis inducti, auctoritate presentalium districtiùs inhibemus, ne quis infra metas parochie Beate Marie Stampensis et ecclesie Beati Basilii sine abbatis et capituli ejusdem loci et diecesani episcopi beneplacito vel assensu, oratorium vel ecclesiam de novo edificare presumat, salvis privilegiis romane ecclesie. Nulli ergo omnium hominum liceat hanc paginam nostre inhibitionis infringere, vel ei ausu temerario contraire. Si quis autem hoc attentare presumpserit, indignationem Omnipotentis Dei et Beatorum Petri et Pauli Apostolorum ejus se noverit incursurum.

Datum Laterani vii idus novembris, Pontificatus nostri anno primo.

Sigillata plumbi.

VII.

Bulle du pape Clément III, portant confirmation de la sentence des commissaires royaux contre le chapitre de Sainte-Croix d'Étampes.

Rome, palais de Latran, 1190.

époque comme paroisse spéciale, puisqu'elle ne fut séparée de celle de Notre-Dame qu'en 1226.

Clemens episcopus servus servorum Dei, dilectis filiis Abbati et canonicis Sancte Marie de Stampis, salutem et apostolicam benedictionem.

Quotiens postulatur a nobis, quod religioni et honestati convenire dinoscitur, animo nos decet libenti concedere, et juxta petentium voluntatem consentaneam rationi, effectu prosequente complere. Ea propter, dilecti in Domino filii, vestris justis et honestis precibus annuentes, sententiam quam venerabilis frater noster M. episcopus, dilecti filii abbas Sancte Genovefe, decanus, cantor, et cancellarius parisienses pro vobis contra ecclesiam Sancte Crucis, super jure subjectionis canonice protulerunt, sicut rationabiliter lata est nec legitima appellatione suspensa, devotioni vestre auctoritate apostolica confirmamus, et presentis scripti patrocinio communimus. Nulli ergo hominum liceat hanc paginam nostre confirmationis infringere vel ei ausu temerario contraire. Si quis autem hoc attentare presumpserit indignationis Omnipotentis Dei et Beatorum Petri et Pauli Apostolorum ejus se noverit incursurum.

Datum Laterani x kalendas februarii, Pontificatus nostri anno quarto.

Sigillata in plumbo.

VIII.

Bulle du pape Grégoire IX, portant confirmation d'un arbitrage conclu entre l'archidiacre d'Étampes et le chapitre de l'église Notre-Dame d'Étampes, relatif aux droits que l'archidiacre prétendait exercer sur les chanoines et le clergé de Notre-Dame.

Rome, palais de Latran, 1239.

[Publ. par D. Fleureau, p. 336.]

IX.

Bulle du pape Innocent III, confirmant derechef la sentence des commissaires royaux dans le différend qui existait toujours entre le chapitre de Notre-Dame et celui de l'église Sainte-Croix d'Étampes.

Rome, palais de Latran, 1209.

[Publ. par D. Fleureau, p. 390.]

X.

Bref du pape Alexandre IV relatif à un nouveau différend survenu entre les chapitres de Notre-Dame et de Sainte-Croix, les premiers prétendant que les chanoines de Sainte-Croix étaient tenus, à certains jours, de venir en procession dans l'église de Notre-Dame.

Viterbe, octobre 1257.

[Publ. par D. Fleureau, p. 391.]

XI.

Guillaume, archevêque de Reims, cardinal du titre de Sainte-Sabine, et régent du royaume pendant l'absence de Philippe-Auguste, donne ordre aux commissaires royaux de terminer au plus tôt le différend existant entre les deux chapitres de Notre-Dame et de Sainte-Croix de la ville d'Étampes.

Année 1190[1].

[Publ. par D. Fleureau, p. 387.]

XII.

Pierre de Corbeil, archevêque de Sens, porte à la connaissance publique l'accord intervenu entre les deux chapitres

---

1. Cette pièce ne porte pas de date, mais elle est assurément de la fin de l'année 1190.

*de Notre-Dame et de Sainte-Croix d'Étampes, et que sera
tenu d'observer le chapitre de Sainte-Croix relativement
aux cérémonies religieuses, au droit paroissial, à l'aumônerie des Bretons, aux censives et à la prébende accordée
au chantre de Notre-Dame.*

[Sens], mars 1211.

Universis populi fidelibus presentem paginam inspecturis,
Petrus Dei gratia Senonensis archiepiscopus in Domino
salutem¹. . . . .

. . . .

XIII.

*Hugues, doyen de l'église Sainte-Croix d'Étampes, publie
l'accord fait entre les deux chapitres de Notre-Dame et de
Sainte-Croix.*

[Étampes], mars 1210, v. s.

Universis populi fidelibus presentem paginam inspecturis,
Hugo, decanus ecclesie Sancte Crucis Stampensis, totumque
ejusdem ecclesie capitulum, in Domino salutem.

Noverit universitas vestra, quod cum inter ecclesiam nostram et ecclesiam Beate Marie Stampensis controversia verteretur super articulis inferius annotatis, Dominus Senonensis et
magister Galterius Cornutus, parisiensis canonicus, arbitri ex
compromisso sumpti, eamdem controversiam terminaverunt de
assensu partium in hunc modum.

In ecclesia Sancte Crucis non propulsabitur ad aliquam
missam matutinalem. Nullum parochianorum vel parochianarum
Beate Marie recipient illi qui sunt vel erunt de ecclesia Sancte
Crucis ad aliquid quod ad jus pertineat parochiale. Nec panem

---

1. Le reste de cette pièce est en tout identique au texte de la pièce
suivante.

benedictum facient; nec sermonem facient nisi pro festis annuntiandis ad populum; nec excommunicationem facient super parochianos Beate Marie vel Sancti Basilii, nisi precepto majorum suorum. Visitationes infirmorum non facient; nec pro defunctis officium celebrabunt dum corpus in domo fuerit, nisi capicerius Beate Marie vel sacerdos Sancti Basilii presentes fuerint, vel prius celebraverint.

Domus Sancti Anthonii que vocatur elemosyna Britonensis, et jus parochiale ville nove remanebit libere et quiete ecclesie Sancte Marie.

Censivas ecclesie Beate Marie que sunt infra corpus ecclesie Sancte Crucis restituent canonici Sancte Crucis canonicis Beate Marie in terra equipollenti. Alias vero censivas tenebunt sicut antea tenuerunt, sed de novo alias ad ecclesiam Beate Marie pertinentes, nisi de consensu ejusdem ecclesie, eis acquirere non licebit.

Guillelmus cantor Beate Marie unam prebendam congruam habebit in ecclesia Sancte Crucis, quandiu vixerit, ubicumque fuerit, etiam si cantoriam suam dimiserit, ita tamen habebit personaliter, quod ad successorem suum non perveniet ullomodo.

Nos igitur compositionem hujusmodi factam sigilli nostri munimine fecimus roborari.

Datum anno Domini мссх, mense martio.

XIV.

Même accord et même règlement publiés par Guillaume[1], chantre de l'église Notre-Dame d'Étampes.

[Étampes], mars 1210, v. s.

Universis populi fidelibus presentem paginam inspecturis,

---

1. « Il y a bien de la probabilité, dit Fleureau, que le premier chantre qui a eu l'honneur d'être chef de l'église et du chapitre de Notre-Dame, après que nos Roys se sont reservés la dignité d'abbé, ç'a été un nommé

Guillelmus cantor ecclesie Beate Marie Stampensis totumque ejusdem ecclesie capitulum in Domino salutem.

. . . .

XV.

Règlement fait par Eudes, abbé de Notre-Dame d'Étampes, au sujet de la translation des chapelains de cette église d'un autel à l'autre[1].

Étampes, 1193.

[Publ. par D. Fleureau, p. 3o3.]

XVI.

Bulle du pape Calixte II portant confirmation aux églises de Notre-Dame et de Saint-Basile d'Étampes du droit de sépulture qui leur était disputé par quelques-uns de leurs paroissiens.

Sens, 4 décembre 1119.

[Publ. par D. Fleureau, p. 491[2].]

XVII.

Lettre du chantre et du chapitre de l'église Notre-Dame d'Étampes relative à l'abbaye de Villiers[3], *près La Ferté-Alais.*

[Étampes], décembre 1239.

Guillaume, dont il est parlé dans l'accord fait l'an 1210. » (D. FLEUREAU, pag. 351.)

1. Cet acte est le premier en date de tous ceux qui ont trait au désaccord plusieurs fois séculaire, qui s'éternisa entre les chanoines et les chapelains de l'église Notre-Dame d'Étampes. Odon ou Eudes, qui est ici qualifié d'abbé de Notre-Dame, était en même temps archidiacre de l'église de Paris. — (Cf. FLEUREAU, p. 302.)

2. Cf. UL. ROBERT : *Étude sur les actes de Calixte II* (1874), n° 78.

3. L'abbaye de Villiers, dont il est ici question, était une communauté

Omnibus presentes litteras inspecturis, Cantor et capitulum Beate Marie Stampensis, salutem in Domino.

Noverint tam presentes quam futuri quod nos volumus et concedimus, ut abbatia monialium de Villaribus Cisterciensis ordinis sita juxta Feritatem Ales teneat et possideat in futurum quamdam petiam vinee site in territorio quod vulgariter Sainvillier' appellatur, quam eisdem monialibus executores deffuncti Gilberti Bloiont, ut dicitur, in elemosynam contulerunt; ita quod non possint dicte Moniales compelli dictam vineam extra manus suas ponere vel alienari nisi velint, salvis tribus denariis censualibus nobis in festo Beati Remigii annuatim reddendis et justitia nostra et omni jure alieno. Ne vero alicujus fomes litigii posset super predictis denuo suboriri, publicam cartam in testimonium et perpetuam firmitatem dictis monialibus tradidimus, sigilli nostri munimine roboratam.

Actum anno Domini MCCXXXIX, mense decembri.

XVIII.

Règlement fait en commun par les membres du chapitre de Notre-Dame d'Étampes, touchant le serment, les gros, les fruits, les droits perçus pour l'apposition du sceau.

Étampes, 11 juin 1306.

[Publ. par D. Fleureau, p. 310.]

XIX.

Concession faite par Louis IX, roi de France, aux chanoines de Notre-Dame d'Étampes, des oblations qu'il avait cou-

---

de femmes suivant la règle de saint Benoit. — Le nom du chantre de Notre-Dame d'Étampes qui a écrit cette lettre n'a pu être retrouvé dans la liste incomplète des chantres de Notre-Dame, donnée par Fleureau, p. 351 et suivantes.

1. Lieu dit situé au faubourg Saint-Pierre, à Etampes.

tume de percevoir la veille et le jour de l'Assomption de la sainte Vierge.

Étampes, décembre 1257.

[Publ. par D. Fleureau, p. 309.]

XX.

Ordre donné par l'archevêque de Sens, aux chapelains de Notre-Dame d'Étampes, de ne pas molester les chanoines de la même église dans leurs droits et privilèges.

S. l. n. d.

P...[etrus] Dei gratia Senonensis archiepiscopus Capellanis Beate Marie qui curam parochialem non habent ex me, salutem.

Carissimus noster et amicus Stephanus cancellarius et quidam Beate Marie canonici cum eo venientes ad nos, graviter de vobis conquesti sunt, quod confessiones et oblationes et communiones in Pascha recipitis et datis, quod proprie ad parochiales sacerdotes et canonicos pertinet; denique facitis quoddam aliud novum et omni reprehensione dignum; quod istis cantantibus missam vos quidem e contrario missas vestras, dum ipsi cantant, celebrare non pertimescitis; inde etiam in ecclesiam maximum oritur scandalum. Interdicimus igitur vobis et sub periculo ordinis vestri omnino prohibamus ne, de hiis omnibus que supra tetigimus, ulterius intromittere vel facere presumatis; quare de tantillo jure quod habent parochiales sacerdotes et canonici eos minuere nec volumus nec debemus, et si vos creditis vobis aliquid justitie suffragare monstrate et ostendite nobis tempore et loco convenienti[1].

---

1. Je n'ose pas assigner de date à cette pièce, car je trouve dans la liste des archevêques de Sens trois ou quatre prélats du nom de Pierre qui ont pu faire cette ordonnance, il y a d'abord :

1o Pierre de Corbeil, 1200-1221; 2o Pierre de Charny, 1267-1274; 3o Pierre

XXI.

Division des paroisses de Notre-Dame et de Saint-Basile d'Étampes, faite par l'ordre de Gautier III Cornut, archevêque de Sens, et acceptée par le clergé des deux églises.

Sens, 1226[1].

[Publ. par D. Fleureau, p. 404.]

XXII.

Charte de Louis VII accordant un droit de foire[2] au chapitre de Notre-Dame.

Étampes, 1160[3].

[Publ. par D. Fleureau, p. 349.]

---

d'Anisy, 1274 ; 4° Pierre Roger, 1309-1330, transféré à Rouen et élu pape sous le nom de Clément VI en 1339.

1. Après la date, on lit dans le Cartulaire ces quelques mots qui ne se trouvent pas dans Fleureau : « Etiam est querita divisio facta per chapitulum predicte ecclesie, et sigillata sigillo ejusdem de assensu partium. »

2. Cette foire se tenait le samedi d'après la fête de l'Assomption, et ne durait qu'un jour. — Comme ce droit était inséparablement uni à l'abbaye, quand le titre d'abbé fut supprimé, le droit de foire demeura au Roi. (Cf. Fleureau, p. 349.)

3. Il y a une difficulté relativement à la date de cette charte. Fleureau, qui avait sans doute l'original sous les yeux, dit que cette pièce est de 1171 et de la 34e année du règne du roi Louis VII. Notre manuscrit porte la date de 1160, c'est-à-dire la 24e année du règne du même roi Louis VII. Je n'ose décider lequel a raison, ou de Fleureau dont l'autorité est grande, ou du manuscrit que j'ai sous les yeux. Ces deux dates d'ailleurs sont possibles, car Louis VII régna de 1137 à 1180. M. A. Luchaire (*Études sur les actes de Louis VII*, p. 241), en mentionnant cette pièce sous le n° 438, se fonde sur deux raisons assez plausibles pour admettre la date 1160.

XXIII.

Sentence rendue par l'abbé de Saint-Germain-des-Prés, l'abbé de Sainte-Geneviève, le prieur de Saint-Germain de Paris, et le chevecier de Notre-Dame d'Étampes, contre les chapelains de l'église Notre-Dame.

S. l. n. d.

J. Sancti Germani de pratis, et J. Sancte Genovefe abbates, et A. prior Sancti Germani parisiensis, G. capicerio Beate Marie de Stampis, salutem.

Causam que vertebatur inter Cantorem et capitulum Beate Marie Stampensis ex una parte, et capellanos ejusdem ecclesie, ex alia, super quibusdam institutoribus, Dominus Papa nobis commisit, sine debito terminandam.

Constitutis in presentia nostra partibus, propositum fuit pro capitulo Stampensi quod capellani ejusdem ecclesie quoddam juramentum de quadam societate inter se fecerant, quod evidenter erat contra aliud juramentum quod ipsi fecerant singuli in institutionibus capituli memorate ecclesie ; et ita secundum juramentum in gravamen et prejudicium ecclesiastici officii redundabat. Unde Cantor et prefatum capitulum petebant illud secundum juramentum de supradicta societate denuntiari, non tenere. E contrario vero quidam capellanorum de quibus facta est mentio, pro parte ipsorum veniens, nobis scriptum quoddam exhibuit, in quo omnia que ipsi inter se de prenotata societate minuerant, erant contenta, ex parte ipsorum capellanorum asserens quod ipsi super hoc nolebant litigare ; sed secundum ea que fecerant, parati erant consilio et voluntati nostre devoter et humiliter assentire.

Nos vero de prudentium virorum consilio pronuntiavimus juramentum de obligatione societatis quam inter se fecerant capellani tanquam illicitum non tenere ; sed ipsos primum juramentum quod a singulis institutionibus capituli prestitum est, observare debere. Unde vobis auctoritate Domini Pape districte precipiendo mandamus, quatinus sicut ipsam senten-

tiam vobis scriptam declaravimus, ita et eam omnibus supradictis capellanis, exponatis eisdem, auctoritate nobis commissa
firmius injungentes quatinus eam inviolabiliter studeant observare, et pro illicito juramento culpas suas satagant emendare.
Reddite litteras [1].

XXIV.

*Accord fait entre le chapitre de l'église Notre-Dame d'Etampes
et Pierre Delas[2], curé de la même église, au sujet de la
suppression de plusieurs charges que celui-ci négligeait
d'acquitter, bien qu'il y fût tenu en vertu de son bénéfice.
Cet accord fut conclu par les soins de Jean Le Vassor,
doyen de la chrétienté d'Etampes, spécialement délégué à
cet effet par l'archevêque de Sens, Louis de Melun.*

Étampes, 20 décembre 1434.

Littera ad tempus super diminutionem anniversariorum de-
bitorum per curatum et super penis, quas incurrit obmittendo
aliquid eorum ad que tenetur in choro.

Universis presentes litteras inspecturis, Johannes Le Vassor presbiter, decanus christianitatis Stampensis, Senonensis
diocesis, commissarius in hac parte, a reverendissimo in
Christo patre ac Domino nostro domino Ludovico, misera-

---

1. Cette querelle interminable entre les chanoines et les chapelains de
Notre-Dame d'Étampes dura plusieurs siècles, et la sentence rapportée
dans cette charte ne termina rien du tout malgré le bon vouloir des commissaires délégués à cet effet.

Nous n'osons assigner de date à cette pièce, le manuscrit que nous
avons ne donnant que des initiales pour les noms des abbés de Saint-
Germain-des-Prés, de Sainte-Geneviève, le prieur de Saint-Germain de
Paris, et le chevecier de Notre-Dame d'Étampes.

2. Il est à remarquer que ce Pierre Delas, chanoine chevecier et curé
de la paroisse Notre-Dame, était originaire d'Étampes, qu'il avait été
élevé par les soins du chapitre, et que ce fut pour cette raison qu'on se
montra si bienveillant à son égard.

tione divina archiepiscopo, specialiter deputatus, salutem in Domino.

Notum facimus quod hodie coram nobis comparens personaliter dominus Petrus Delas capicerius, curatus in ecclesiâ collegiata Beate Marie de Stampis suosuique beneficii prefati et officii nominibus; confessus est libere ac sponte, quod ipse pro bono ac utilitate suorum beneficii et officii prefatorum requisierat, consenserat, fecerat et concordaverat maxima deliberatione et consilio peritorum prehabitis pro ut et faciebat, consensiebat et concordabat nominibus antedictis ex una parte; unacum venerabilibus et discretis viris, cantore et capitulo dicte ecclesie collegiate suis sueque dicte ecclesie nominibus ex alia parte, incertos tractatus eaque sequntur veraciter consentientes; dictus videns et confitens capicerius ipse nominibus antedictis, quod litem ex debito sui beneficii et secundum fundationem et cartas ecclesie memorate, ipse suique predecessores et successores fuerint, et sunt astricti inter cetera, in eadem ecclesia, ad cartam dicti beneficii debita.

Obitus seu anniversaria mortuorum in eadem ecclesia debita, suis celebrare sumptibus, et pariter diaconi officium exercere, et ita septimam debere lectionem in matutinis ecclesie ejusdem quociens officium postulat. Super quibus, ut dictus capicerius asserebat, ex dictis obitibus seu anniversariis, a multis annis, solum tria anniversaria, per singulas hebdomabas, fuerant cellebrata dicti capiceriatis officii sumptibus. Et ita usus habuerat quod tria solum anniversaria, in qualibet septimana, solita erant duntaxat ejusdem officii capiceriatis sumptibus cellebrari, sine tamen diminutione dicti diaconatus officii, et ceterorum ad que tenetur ipse capicerius curatus. Verumptamen, pro ut ipse dicebat, propter diminutionem reddituum dicti officii ipse non sufficiebat complere integre servitium, seu onus dictorum anniversariorum. Et quum ipsa anniversaria obmiserat cellebrare, dicti cantor et capitulum, suas in eadem ecclesia distributiones a multis diebus fecerant arrestari cum ceteris ejusdem sui beneficii redditibus, et suis expensis debitum, per eum, servitium fecerant cellebrari. Quocirca sue saluti providere curans, sue etiam substentationi et suorum fructuum expeditioni coram cantore et capitulo memoratis, suum capitulum tenentibus nuper comparuerat, ubi suam paupertatem exposuerat, et onus presens humiliter supplicans quatenus, habita consideratione, circa premissa, presertim ad onus ipsum et ad tempora guerrarum, propter quod beneficii desolatio instat, cum aliis quibusdam rationibus per eum deductis, ipsi cantor et capitulum, et ipsius servitii onus moderari dignarentur; dicens preterea dictus capicerius quam, hiis auditis, dicti cantor et capitulum, maxima deliberatione prehabita, attentis turbationibus modernorum temporum et diminutione ipsorum reddituum in favorem dicti capicerii, qui a puerilibus annis bonis ipsius ecclesie educatus est, de ipsa villa Stampensi exortus, cum ceteris causis et rationibus eos ad hoc inducentibus voluerunt et decreverunt capitulariter, ac unanimiter concordaverunt in hujusmodi moderationem, secundum modum sequentem, ita videlicet : Quod pro illis tribus obitibus seu anniversariis qui singulis septimanis dictus capicerius cellebrari consueverat, ut prefertur ipse, amodo et usque ad festum Beati Barnabe Apostoli, quod in anno Domini millesimo quadringentesimo tricesimo sexto, Deo duce, succedet, in singulis duabus septimanis, solum quinque anniversaria seu obitus, suis sumptibus, solito more, per aliquem ex choro dicte ecclesie, et non alium, cellebrare faciet, vel in propria, cellebrabit per se in choro ecclesie prefate.

Ita quod duo anniversaria in una septimana et tria in altera sic tenebitur cellebrare continue et sine deffectu qualicumque, dicto tempore durante, et sine prejudicio tamen jurium ipsius ecclesie, et eorum ad que, ex sui officii debito in ceteris tenetur et usque ad dictum terminum precise. Ita quod, adveniente dicto termino, ipse ad omnia anniversaria sicut proprius astringetur et remanebit affectus, hoc etiam adjecto, quod ad debitum dicti diaconi seu diaconatus officium, et ad ipsam septimam lectionem ipse, quotiescumque opus fuerit, secundum morem ipsius ecclesie tenetur et remanebit astrictus, et ea adimplere promisit, conceditis etiam penis que sequntur.

Sed quia quotiescumque dictus capicerius in cellebratione misse dicti anniversarii defectum faciet, tenebitur dicto capitulo solvere per qualibet una octo solidos parisienses, et quotiescumque defectum faciet in diaconatus officio duos solidos persolvet; etiam pro quolibet defectu in dictam lectionem psalere obmittentem duodecim denarios parisienses solvere tenebitur. Proviso insuper quod dictus capicerius residentiam personalem faciet in ecclesia memorata, et debitum sui officii deserviet in propria persona, et etiam sine diminutione aut prejudicio ceterorum ad que ipse capicerius curatus tenetur in ecclesia eadem, ex fundatione, usu, et more ejusdem ecclesie, et alibi ex debito suorum officii et beneficii, et absque prejudicio jurium ecclesie ejusdem.

Quam concordiam, tractatum et moderationem super descriptam cum suis omnibus clausulis et contentis, prefatus capicerius nominibus antedictis, fide et juramento corporaliter in manus nostras prestitis, promisit solemniter adimplere et eadem gratificavit, concordavit, et in ea expresse consentiens inviolabiliter observare, cum omnibus suis pertinentiis, dependentibus et sequentibus; sub obligatione et ypothequa omnium sui ejusdem beneficii fructuum, jurium, et emolumentorum majorum et minorum, nec non omnium bonorum suorum et sui beneficii prefati mobilium et immobilium quorumcumque presentium et futurorum, que dicto capitulo submisit et juridicialiter eorumdem cohercitionique ac juridictioni antedictis Reverendissimi in Christo Patris Domini Senonensis archiepiscopi, suorumque successorum, ac suorum officiorum spiritualium et temporalium quorumcumque.

Renuntians dictus capicerius omni exceptioni doli, fraudis, deceptionis et lesionis, et universis et singulis rationibus, exceptionibus juris et facti ac omnibus quibuscumque, que contra litteras presentes et contenta in eisdem dici, obici, et opponi possent. In quorum omnium et singulorum testimonium, sigillum dicti decanatus litteris presentibus duximus apponendum.

Datum, die lune, in vigilia festi Beati Thome Apostoli, vicesima decembris anno Domini millesimo quadringentesimo tricesimo quarto.

XXV.

Concordat passé entre Henri Sanglier, archevêque de Sens, et le chapitre de Notre-Dame d'Etampes, au sujet de la présentation à la cure de Saint-Basile de la même ville. Ce concordat fut conclu par les soins du cardinal Mathieu, évêque d'Albano et légat en France, assisté des évêques de Chartres et de Meaux.

[Saint-Denis, 1127[1].]

[Publ. par D. Fleureau, p. 201.]

XXVI.

Dispense accordée par Daimbert, archevêque de Sens, aux chapelains de l'église Notre-Dame d'Etampes, d'aller, chaque année, assister au synode qui se tenait à la métropole.

Sens, septembre 1104.

[Publ. par D. Fleureau, p. 338.]

· XXVII.

Don des oblations faites à l'Hôtel-Dieu d'Etampes, au maître des Frères du dit Hôtel-Dieu. Cette donation fut faite par le chapitre de Notre-Dame, à la demande du chanoine chevecier qui avait jusque-là droit à ces dites oblations.

1225.

[Publ. par D. Fleureau, p. 413.]

---

1. C'est Fleureau qui indique la date de cette charte, et les raisons qu'il donne en faveur de cette année 1127 me paraissent irrécusables. Il dit aussi que ce concordat fut conclu dans l'abbaye de Saint-Denis, où se tenait une assemblée considérable de prélats. (Cf. FLEUREAU, p. 401 et 402.)

XXVIII

*Prérogatives accordées par le roi Henri Ier à l'abbé et au
chapitre de Notre-Dame d'Etampes¹.*

Compiègne, 1046.

[Publ. par D. Fleureau, p. 292.]

XXIX.

*Permission accordée par Etienne Bequart, archevêque de
Sens, au chantre et au chapitre de Notre-Dame d'Etampes
de nommer aux chapellenies vacantes en leur église, et ce
nonobstant une ordonnance que les chanoines avaient faite,
et qu'il avait lui-même confirmée.*

1306.

[Publ. par D. Fleureau, p. 340.]

XXX.

*Ordonnance faite par le chapitre de Notre-Dame d'Etampes
touchant les biens qui doivent être distribués aux chanoines
et aux chapelains en raison de leur qualité et de leur as-
sistance aux offices du chœur.*

Étampes, 1231.

[Publ. par D. Fleureau, p. 305.]

---

1. On lit dans le Cartulaire, en tête de cette charte, deux notes qui ne
se trouvent pas dans Fleureau : 1o Copie faicte à l'original : Comment il
appert que la justice laye (laïque) ne peulent mettre la main à ung chanoine d'Estampes, ne prendre riens ès maisons ou ilz demeurent sur pène
de cent livres d'amende.
2o Donné pour copie soubz le scel de la prévosté d'Estampes, l'an de
grâce mil ccc soixante et quatre, le lundi xviie jour du mois de juing.
Par contre Fleureau ajoute à la fin de cette charte une indication omise
par le Cartulaire : « Ego Baldovinus cancellarius relegendo subscripsi. »

XXXI.

Charte de Jean de Nanton, archevêque de Sens, par laquelle il reconnaît et confirme au chapitre de Notre-Dame d'Etampes le droit de présentation à la cure de Saint-Basile de la même ville. Cette charte fut donnée lors de la nomination du successeur de Jean Hüe, mort curé de Saint-Basile en 1430.

Montargis, 2 décembre 1430.

Quomodo ecclesia Sancti Basilii est ad presentationem Beate Marie Stampensis ut patet per collationem Domini archiepiscopi Senonensis.

Johannes miseratione divina archiepiscopus Senonensis, dilecto nobis in Christo Johanni de Sancto Remigio, presbitero diocesis nostre Senonensis, salutem in Domino. Ecclesiam parochialem Sancti Basilii de Stampis, nostre Senonensis diocesis, cujus presentatio, dum vacat, ad discretos viros cantorem et capitulum ecclesie Beate Marie collegiate de Stampis, dicte diocesis, nullo viro ad nos dinoscuntur pertinere; liberam ad presens et vacantem per obitum defuncti magistri Johannis Hue quondam presbyteri, nuper et ultimi dicte parochialis ecclesie curati, et possessoris ejusdem; vobis per dictos cantorem et capitulum, nobis literatorie presentato, pietatis intuitu, tanquam bene merito conferimus et donamus, ac de illa cum suis juribus et pertinentiis universis vobis provideri cum investientibus vos presentialiter. De eadem parochiali ecclesia cum dictis suis juribus et pertinentiis universis, per presentium traditionem et concessionem litterarum; curamque ac regimen animarum et administrationem ipsius parochialis ecclesie vobis committimus, per presentes. Recepto juramento per nos a vobis, de canonica obedientia nobis, successoribusque nostris, vicariisque, officialibus, et decanis fideliter exhibenda, ac de mandatis nostris et ipsorum debite exequendis; de residendo personaliter in

dicta parochiali ecclesia, nisi super hoc vobiscum fuerit canonice dispensatum; de comparendo in synodis et convocatio-
nibus decanorum, ac de juribus archiepiscopalibus solvendis :
nec non de non alienando bona dicte ecclesie, et potius alie-
nata pro posse recuperando, et alio solito juramento mandantes tenore eorumdem, dilecto nostro discreto viro decano
nostro Christianitatis Stampensis, seu ejus locum tenenti,
quatenus vos, per procuratorem vestrum, nomine vestri et pro
vobis, in corporalem et realem possessionem dicte parochialis
ecclesie Sancti Basilii, juriumque, pertinentiarum ejusdem
universorum, auctoritate nostra ponat et inducat, ut est moris
solemnitatibus adhibitis in talibus consuetis cum saltem jure
salvo.

Datum in Monte Argi, nostre diocesis Senonensis sub sigillo
camere nostre, die sabbati post festum Beati Andree Apostoli,
anno Domini MCCCCXXX.

XXXII.

*Guillaume de Melun, archevêque de Sens, confère la cure de
Notre-Dame d'Étampes[1], avec tous ses droits et privilèges,
à un prêtre nommé Jean Thomas. Celui-ci succédait à
Raoul Trichet qui avait résigné ce bénéfice pour accepter
une autre charge.*

Nolon[2], 21 mai 1371.

Copia collationis ecclesie parochialis Beate Marie de Stampis
ad presentationem capituli ejusdem ecclesie pertinentis.

---

1. Il y avait dans l'église Notre-Dame d'Étampes, comme dans beaucoup d'autres collégiales, un autel spécialement affecté au service paroissial. C'est cet autel qui porte dans cette charte et dans plusieurs autres le
nom d'église paroissiale : *ecclesia parochialis.*

2. *Nolon,* aujourd'hui hameau de la commune de Cuy, canton de
Pont (Yonne), était un château de plaisance des archevêques de Sens déjà
au XIIIe siècle. — Cf. Cartulaire de l'archevêché de Sens, *Bibl. nationale,*
mss. latin, no 9896, fo 12.

Guillermus de Meleduno, miseratione divina archiepiscopus Senonensis, dilecto nostro Domino Johanni Thome presbitero, salutem.

Ecclesiam parochialem Beate Marie de Stampis, nostre diocesis, ad presentationem dilectorum in Christo filiorum cantoris et capituli dicte ecclesie, et collationem nostram spectantem liberam et vaccantem ad presens, per acceptationem alterius beneficii, per dominum Radulphum Tricheti, presbyterum, ultimum rectorem dicte ecclesie parochialis, in eadem ecclesia acceptantem. Vobis cum suis juribus et pertinentiis universis conferimus, intuitu pietatis, vos investientes de ipsis, per concessionem presentium litterarum, curamque ac regimen animarum ipsius vobis committimus per presentes. Prestito juramento a vobis de canonica obedientia, et de residendo personaliter in eadem, nisi dispensationem canonicam super hoc obtinueritis; de qua dispensatione infra unum mensem a data ipsa conputanda teneatis nobis facere promptam fidem et altero solito super hoc juramento.

Mandantes decano nostro christianitatis loci quatenus vos vel procuratorem vestrum in corporalem possessionem dicte ecclesie, juriumque, ac pertinentium ipsius inducat, ut moris est; vobisque vel dicto procuratori vestro de ipsis fructibus et redditibus universis faciat integre responderi.

Datum in castro nostro de Noollonno, die vicesima prima maii anno Domini mccc septuagesimo primo.

XXXIII.

Mandement aux chapelains de l'église Notre-Dame d'Étampes pour leur rappeler l'obéissance aux règlements faits par le chapitre. Réponse des chapelains qui affirment avoir toujours obéi fidèlement aux statuts.

Étampes, 2 août 1343.

Instrumentum monitionis ut capellani teneant statuta facta per capitulum, et responsio eorum qui tenuerunt et tenebunt.

In Dei nomine, amen. Per hoc presens publicum instrumentum cunctis pateat evidenter, quod anno a Nativitate Domini MCCC quadragesimo tertio, mense augusti, secunda die dicti mensis, videlicet die sabbati post festum Beati Petri ad Vincula, indictione undecima, pontificatus sanctissimi in Christo patris ac domini domini Clementis divina providentia Pape sexti, anno secundo.

Apud Stampas, in ecclesia Beate Marie dicti loci, videlicet in loco quo cantor et capitulum ecclesie predicte, capitulare consueverunt, circiter horam magne misse ecclesie supradicte, in mei publici notarii et testium subscriptorum presentia, personaliter constituti venerabiles et discreti viri, domini Yvardus Delimariis cantor, et Johannes de Rodolis canonicus ecclesie Beate Marie Stampensis predicte pro se ex una parte ; — et domini Guillelmus Salomonis, Bernardus de Fontanis ; Johannes de Villerello, Guillelmus Roboli, capicerius, Sancius de Richerellis, Johannes Farperii, Johannes de Consanciis, ecclesie supradicte perpetui capellani pro se ex altera parte.

Prefati cantor et canonicus capitulantes et capitulum suum, pro ut moris est, hora dicta, tenentes, dicentes et asserentes se, prima vice, secunda vice, predictos capellanos debite monuisse quatenus ipsi capellani, sub penis canonicis, statuta et consuetudines ecclesie predicte tenerent, et observarent pro ut facere tenebantur. Iterato eosdem capellanos monuerunt quatenus ipsi capellani sub pena canonica, predicte consuetudines et statuta predicte ecclesie, pro ut tenere et observare juraverunt, teneant, faciant, compleant penitus et observent : alioquin contra ipsos capellanos procedetur, pro ut de jure fuit procedendum.

Qua siquidem monitionem sic factam, supradicti capellani responderunt quod dictas consuetudines et statuta ab omni tempore preterito, omnino tenuerant et observaverant easque vel ea de cetero et in posterum tenebunt et debite ut tenentur, observabunt.

De quibus omnibus et singulis petierunt a me publico notario sibi fieri instrumentum.

Acta fuerunt hec anno indictione, pontificatu, mense, die,

loco, hora predictis; presentibus dominis Johanne Custurarii, Hugone curato ecclesie Sancti Basilii Stampensis; providis et discretis viris magistro Reginaldo de Barra, Johanne de Messis, Simone Harcherii, Raimundo Roboli, et Matheo Grenée, testibus ad hoc vocatis specialiter et rogatis.

XXXIV.

Fondation de deux chapellenies en l'église de Saint-Jacques de Bédégon[1]. Cette fondation fut faite par le roi Philippe-Auguste qui assigna douze livres dix sols parisis de rente annuelle à chaque chapelain, payables par moitié dans l'octave de Pâques et à la Saint-Remi[2].

Paris, février 1192, n. s.

[Publ. par D. Fleureau, p. 406.

XXXV.

Fondation de la chapelle Saint-Pierre en l'église Notre-Dame d'Étampes, faite par le roi Louis IX, pour le repos de l'âme de la reine Blanche, sa mère. Le chapelain qui jouissait de ce bénéfice était tenu de dire chaque jour la messe des Morts, excepté aux fêtes solennelles.

Orléans, octobre 1255.

[Publ. par D. Fleureau, p. 342.]

---

1. L'église, ou mieux la chapelle de saint Jacques de Bédégon, était située dans le grand cimetière. Tout près de cette chapelle il y avait une hôtellerie ou hospice qui servait aux pèlerins se rendant à Saint-Jacques-de-Compostelle.

2. Cf. LÉOPOLD DELISLE : *Catalogue des actes de Philippe-Auguste* (Paris, 1856), no 360.

XXXVI.

Fondation de deux chapellenies en la chapelle de l'Hôtel-Dieu d'Étampes, faite par Jean Bourginel, natif d'Étampes. Ratification de cette fondation et règlement pour percevoir les revenus dus aux deux chapelains, donné par Marguerite de Provence (vidimus *de Philippe III le Hardi, son fils, du même jour*).

Saint-Germain-en-Laye, 31 mai 1274.

[Publ. par D. Fleureau, p. 419.]

XXXVII.

Fondation de la chapelle de Saint-Denis en l'église Notre-Dame d'Étampes, par Louis IX, roi de France.

Orléans, octobre 1255[1].

[Publ. par D. Fleureau, p. 341.]

XXXVIII.

Fondation des chapellenies de Saint-Paul et de Saint-Denis[2] en l'église Notre-Dame d'Étampes, par Louis Ier, comte

---

1. Notre manuscrit porte bien expressément la date de 1255. Mais Fleureau, qu'il est bon d'écouter en ces matières, dit textuellement aux pages 340 et 341 que cette fondation eut lieu un an avant celle de la chapellenie de l'autel Saint-Pierre (voyez charte xxxv), c'est-à-dire au mois d'octobre 1254. Notre manuscrit ajoute aussi au texte donné par Fleureau cette mention : *Data vacante cancellaria.*

2. Il importe de ne pas confondre cette fondation d'une chapellenie de Saint-Denis faite par Louis Ier, seigneur d'Étampes, avec celle qu'avait déjà fondée en l'honneur du même saint le roi saint Louis, comme il est dit dans la charte précédente.

d'Evreux[1], seigneur d'Étampes, pour l'accomplissement d'un article du testament de Marguerite d'Artois, sa femme.

Paris, mars 1313, n. s.

[Publ. par D. Fleureau, p. 344.]

XXXIX.

Amortissement fait par Philippe Ier, roi de France, de la place où était bâtie la chapelle de Saint-Jacques de Bédégon[2], au grand cimetière d'Étampes.

S. l. n. d. (XIe siècle).

[Publ. par D. Fleureau, p. 405.]

XL.

Ordonnance du roi Philippe-Auguste, qui soumet les deux chapelains de Saint-Jacques de Bédégon à l'autorité du chapitre de Notre-Dame, et donne aux chanoines l'institution de ces deux chapellenies.

Paris, 1193-1194[3].

[Publ. par D. Fleureau, p. 407.]

---

1. Ce Louis Ier était fils de Philippe III le Hardi et de Marguerite de Brabant, seconde femme dudit roi. Il fut mis en possession de la seigneurie d'Étampes par Philippe le Bel, son frère, en l'année 1307.

2. Le nom de cette chapelle lui vient du hameau de Bédégon, où elle est située et dont il ne reste plus aujourd'hui que quelques masures audessous de ladite chapelle. On a tort à Étampes de l'appeler *Bezegond*, nom erroné que plusieurs historiens de la ville ont donné comme vrai.

3. Cette charte a été donnée entre le 1er novembre 1193 et le 9 avril 1194. — Cf. LÉOPOLD DELISLE, *Catalogue des actes de Philippe-Auguste* (Paris, 1856), no 408.

XLI.

*Etablissement de la communauté entre les chanoines, le cha-
pitre et les chapelains de Notre-Dame d'Étampes[1].*

Étampes, juin 1231.

[Publ. par D. Fleureau, p. 305.]

XLII.

*Accord conclu par arbitrage entre l'archidiacre d'Étampes et
le chapitre de Notre-Dame de la même ville, au sujet de
leur juridiction respective.*

[Étampes], 28 juin 1229.

[Publ. par D. Fleureau, p. 335.]

XLIII.

*Bulle du pape Grégoire IX, qui confirme l'accord conclu entre
l'archidiacre et le chapitre de Notre-Dame d'Étampes, au
sujet de leur juridiction[2].*

Rome, palais de Latran, 1er juin 1239.

[Publ. par D. Fleureau, p. 336.]

XLIV.

*Assignation donnée à l'archidiacre d'Étampes et au chapitre
de Notre-Dame de la même ville, au sujet de leur procès.*

[Étampes], 29 novembre 1228.

---

1. Cette pièce est la reproduction exacte de la charte xxx.
2. C'est la reproduction textuelle de la charte no viii. L'accord dont il
est question ici est relaté dans la pièce précédente, no XLII.

Memoriale diei assignationis super processu inter archidia-conum et capitulum Stampense.

Dies dominica proxima post festum Beati Nicolai est assi-gnata archidiaconi Stampensi ex una parte, et capitulo Beate Marie Stampensis et capellanis ejusdem ecclesie, videlicet Galerano, Johanni de Pruvino, et Martino et Guillelmo Parvo, et Philippo matriculario ejusdem ecclesie ex altera, ad delibe-randum super petitione dicti archidiaconi et autentico Domini Pape, eis traditis, inscriptis et sigillatis; et die predicta debent dicti capellani et matricularius certificare judices, quod ratum habent quidquid factum fuit pro eis, in vigilia Beati Andree per magistrum Guillelmum de Foresta coram nobis.

Datum anno Domini Mº CCº vicesimo octavo, in vigilia Beati Andree apostoli.

XLV

Assentiment donné par le chapitre de Sens à toutes les mesures prises par l'archidiacre Pierre envers le chapitre de Notre-Dame d'Étampes.

Sens, 30 décembre 1228.

Littera quomodo capitulum Senonense consentit illud quod factum est ab archidiacono erga capitulum Beate Marie Stam-pensis.

A., decanus totumque Senonensis ecclesie capitulum, omni-bus presentes litteras inspecturis, in Domino salutem.

Noverint universi quod quidquid dilectus et concanonicus noster Petrus, Stampensis archidiaconus, sive litigando, sive componendo, sive compromittendo, fecerit in omnibus causis ad jus archidiaconatus sui pertinentibus quas habet circa capi-tulum Beate Marie Stampensis, et circa alios ejusdem ecclesie, sive canonici, sive capellani, sive clerici fuerint, coram priore

Sancti Victoris, et magistris Ardengo[1], et R. Barbrulée, sive eorum subdelegatis, ratum habemus et firmum; in cujus rei testimonium, presentes litteras sigillo fecimus roborari.

Actum anno Domini M° CC° XXVIII°, sabbato post Nativitatem Domini.

XLVI.

Lettre de l'archidiacre Pierre, touchant l'arbitrage conclu entre lui et le chapitre de Notre-Dame d'Étampes, par laquelle il promet d'obéir aux décisions de l'arbitre désigné.

[1228].

Littera archidiaconi super arbitrio facto inter ipsum et capitulum Beate Marie Stampensis, per quas promittit gratum habere quod factum erit per arbitrum delegatum.

Omnibus presentes litteras inspecturis, P[etrus] Stampensis archidiaconus in Domino salutem. Noverint universi quod super omnibus querelis quas habebam, auctoritate apostolica, coram magistro Ardeingo et conjudicibus suis, contra capitulum Beate Marie Stampensis, et circa capellanos et clericos generaliter, et specialiter circa Galeranum, Johannem de Pruvino, Guillelmum Parvum, Martinum Parvum, capellanos, et Philippum matricularium ejusdem ecclesie, et etiam circa cantorem ipsius ecclesie, compromisi in venerabiles viros dominum Gregorium, canonicum parisiensem, ex parte supradictorum nominatum, et magistrum Odorisium, socium domini Nicolai nepotis Domini Pape, ex parte mea nominatum, et magistrum Ardeingum de communi consensu electum.

Tali modo quod nominati Gregorius et Odorisius, quando magister Ardeingus ad hoc indulgere non potuerit, vel voluerit, summatim et de plano, bona fide procedent et recipient pro-

---

1. Alias *Ardungo.*

bationes quas viderint recipiendas, sive per testes, sive per
instrumenta, et utentur processu habito, coram venerabili patre
G.[alterio], Dei gratia archiepiscopo Senonensi, sicuti in
authentico Domini Pape continetur, et faciant declarationes
fieri ubi viderint faciendas, et discordias illas mediante justitia,
vel per pacem, si videbitur expedire vel pro voluntate hanc
et has statuendo terminabunt. Si autem concordare nequiverint
per jus vel pro voluntate statuendo illius stabiliter sententie
vel statuto cum quo magister Ardeingus communiter ellectus
concordabit.

Si vero dictum Gregorium mori vel a regno recedere contigerit vel onus istud in se non susceperit, prenominati adver-
sarii mei, infra viginti dies post, alium bonum virum loco ipsius
subrogabunt, et sic deinceps usque ad consummationem
negotii.

Si autem magistrum Odorisium mori vel a regno recedere
contigerit, vel onus istud in se non susceperit, ego, infra
viginti dies post, alium bonum virum loco ipsius subrogabo,
et sic deinceps usque ad consummationem negotii.

Similiter, si magistrum Ardeingum a regno recedere, vel
infirmari ita quod de morte timeat contigerit, ipse alium bonum
virum loco sui ipsius subrogabit; hoc retento quod si, ante
negotii decisionem, per Dei gratiam convaluit fungetur officio
suo, sicuti superius expressum est, et exprimetur inferius, et ei
cedet ab eodem subrogatus, et sic deinceps usque ad consummationem negotii.

Consensum est etiam quod diebus assignatis, ad procedendum in negotio, coram arbitris, unus illorum, si alios abesse
contigerit, procedet in negotio bona fide usque ad diffinitivam
sententiam que, sine duobus ad minus, nisi de consensu partium, proferri non poterit. Preter hec consensum est a partibus,
quod arbitri de dampnis et expensis factis et faciendis, occasione hujus litis, secundum formam superius expressam,
cognoscere poterunt et indicare vel taxare, et omnia supradicta, et etiam inferius inserenda, promissa sunt, sub pena
centum libris ab illa parte que formam compromissionis ser-
vare noluerit, vel ab arbitrio resilierit, alteri parti persolvendis.

Item magister Ardeingus de consensu partium potestatem habet declarandi, interpretandi, mutandi, addendi, diminuandi in hoc scripto sicut viderit expedire, et etiam in ipso arbitrio jam prolato et scripto de consensu partium retinet eamdem potestatem.

Item post arbitrium prolatum tenentur partes, infra decem dies, ipsum arbitrium approbare et habere ratum per litteras patentes, sigillatas sigillo capituli et sigillo meo, ad quod faciendum poterit nos compellere per censuram ecclesiasticam, dictus Ardeingus, ex juridictione soli conservata et prorogata ab ipsis partibus, super hoc rato nihilominus manente arbitrio, et hoc actum est inter partes, quod a sententia lata ratione talis executionis seu observationis arbitrii neuter partium poterit appellare.

Actum anno Domini M° CC° XX° octavo, die martis post dominicam qua cantatur Reminiscere, que continuata sunt a die lune precedenti.

XLVII.

Vidimus, par le doyen de la chrétienté d'Étampes, des lettres du chapitre de Sens consentant à l'accord conclu entre l'archidiacre et le chapitre de Notre-Dame d'Étampes[1].

14 novembre 1346.

Vidimus factum per decanum Stampensem de litteris decani et capituli Senonensis quomodo consenserint concordantiam factam per archidiaconum et capitulum Stampenses.

Omnibus hec visuris, decanus christianitatis Stampensis, salutem in Domino. Notum facimus nos vidisse, legisse, et tenuisse quasdam litteras sanas, et integras, non cancellatas, non abolitas nec in aliqua sui parte vitiatas, sigillo venerabilium

---

1. Ces lettres d'assentiment sont précédemment publiées (no XLV), elles ont été données le 30 décembre 1228.

et discretorum virorum decani et capituli ecclesie Senonensis sigillatas, formam que sequitur continentes.

A., decanus, totumque Senonensis ecclesie capitulum, omni bus presentes litteras inspecturis, in Domino salutem. Noverint universi quod quidquid dilectus et concanonicus noster Petrus Stampensis archidiaconus, sive compromittendo fecerit, in omnibus causis ad jus archidiaconatus sui pertinentibus, quas habet, contra capitulum Beate Marie Stampensis, et contra alios ejusdem ecclesie sive canonici, sive capellani, sive clerici fuerint, coram priore Sancti Victoris et magistris Ardeingo et R. Barbrullée, sive eorum subdelegatis, ratum habemus et firmum; in cujus rei testimonium presentes litteras sigillo nostro fecimus roborari. Actum anno Domini M° CC° XX° octavo, sabbato post Nativitatem Domini.

Datum hujusmodi visionis, anno Domini M° CCC° XL° sexto[1], die Martis post festum Beati Martini hiemalis.

XLVIII.

Vidimus, par Philippe, doyen de la chrétienté d'Étampes, et Guillaume, chantre de Sainte-Croix, des lettres des chanoines de Paris désignés comme arbitres pour rétablir l'accord entre l'archidiacre et le chapitre, et du règlement de juridiction établi par eux au civil et au criminel[2].

28 juin 1280.

Vidimus, factum per Decanum stampensem, de litteris concordantie facte inter archidiaconum et capitulum Stampenses.

Universis presentes litteras inspecturis, Philippus decanus christianitatis Stampensis, et Guillelmus cantor ecclesie Sancte Crucis de Stampis, salutem in Domino.

---

1. Cette date, clairement indiquée sur l'original de notre Cartulaire, doit être fausse.
2. Les lettres des chanoines de Paris et le règlement sont de 1229.

Notum fecimus quod nos litteras inferius annotatas vidimus in hec verba.

In nomine Patris et Filii et Spiritus sancti. Ego magister Ardungus, Domini Pape subdiaconus, Gregorius, Gualterius thesaurarius, Noviomus, canonici parisienses, arbitri electi a capitulo Beate Marie Stampensis, et specialiter a Guillelmo cantore, et a Johanne de Pruvino, Gualerano, Martino, Guillelmo Parvo, capellanis, et Philippo matriculario, et generaliter ab omnibus capellanis et clericis ejusdem ecclesie ex una parte, et a Petro archidiacono Stampensi ex altera super juridictione archidiaconali, et super procuratione, quam idem archidiaconus se debere habere[1] in canonicos et vicarios et ceteros clericos ejusdem ecclesie. Communicato prudentum consilio, ita duximus ordinandum : quod dictus archidiaconus pro procuratione, et successores sui, in vita sua, viginti solidos parisienses semel tantum percipient a dicta ecclesia, nec amplius poterunt petere pro procuratione. Juridictionem habebit archidiaconus talem scilicet, quod in civilibus causis, et in criminalibus, si civiliter agatur, liberi erunt canonici a juridictione archidiaconi. Si autem agatur criminaliter, archidiaconus super hoc habebit directe juridictionem in dictos canonicos.

Quantum vero ad vicarios seu clericos qui non sunt canonici dicte ecclesie, ita ordinavimus : quod si de crimine vel criminaliter agatur, ad archidiaconum directe juridictio pertinebit. In civilibus sive cum de crimine civiliter agetur, nisi capitulum dicte ecclesie infra tres menses causam illam terminaverit, ad archidiaconum jurisdictio devolvatur. Residuum autem juris archidiaconi, archidiacono reservamus, damnis et expensis omnibus ex utraque parte factis hinc inde compensatis.

Si vero super hiis aliqua obscuritas vel dubitatio emerserit, licebit magistro Ardungo cum duobus coarbitris, vel etiam cum eorum altero, vel etiam soli usque ad annum interpretari, vel etiam declarare; cessantibus causis omnibus quas idem archidiaconus super quibusdam injuriis spiritualibus contra Guillelmum cantorem, Johannem de Pruvino, Galeranum,

---

1. Sibi deberi, et habere. (*Fleureau*, p. 336.)

Martinum, Guillelmum Parvum, capellanos, et Philippum, matricularium ecclesie supradicte, proponebat.

Actum anno Domini M° CC° XX° nono, in vigilia apostolorum Petri et Pauli.

Quod autem in predictis litteris vidimus contineri, verbo ad verbum transcribi et sigillis nostris fecimus sigillari.

Datum hujus transcripti, anno Domini M° CC° octuagesimo[1], in vigillia apostolorum Petri et Pauli.

Item est alium visum *(vidimus)* et approbationem factam per venerabiles et discretos viros L. miseratione divina Mauriniacensem ministrum humillimum, et decanum Sancte Crucis Stampensis de concordantia facta inter dictum archidiaconum et predictum capitulum Beate Marie ejusdem Stampensis[2].

Item est ratificatio facta per dictum archidiaconum, quomodo habet ratum quod factum est per arbitros et subdelegatos a predictis archidiacono et capitulo, et de suo sigillo sigillata et approbata et secundum formam et tenorem superius in sententia declaratam.

XLIX.

Guillaume[3], chantre de Notre-Dame d'Étampes, en union avec le chapitre de la même église, fait défense à tous les clercs et sujets de cette église d'obéir en quoi que ce soit aux ordres de l'archidiacre, et de tenir compte de l'excommunication que pourrait lancer ledit archidiacre.

Étampes, août 1224.

---

1. On trouve quelquefois dans les textes du moyen âge cette forme fautive pour *octogesimo*.

2. Nous ignorons la date de ce *vidimus*. La liste qui a été dressée des abbés de Morigny pour les années 1230-1400 ne comporte aucun nom commençant par la lettre L.

3. Ce Guillaume, que nous avons déjà rencontré plus d'une fois, est probablement le premier qui ait été chef de l'église Notre-Dame en qualité de chantre, c'est-à-dire qu'il fut le successeur immédiat des abbés.

Deffensio facta per capitulum Beate Marie Stampensis ad suos clericos et alios subjectos ne sint obedientes ad archidiaconum.

Guillelmus cantor et capitulum Beate Marie Stampensis, universis presentes litteras inspecturis, salutem in Domino.

Noverit universitas vestra, nos in generali capitulo universis ecclesie nostre clericis, tam presbiteris quam aliis, dedisse in mandatis, quod si archidiaconus Stampensis eos citaret coram eo comparerent, et ecclesie nostre privilegium alegantes et consuetudines coram eo, non responderent. Si vero archidiaconus propter hoc suspensionis, sive interdicti vel excommunicationis in ipsos vel in eorum aliquem pervulgaret, eam tanquam a non suo judice latam, pro nulla penitus reputarent, excommunicatum vel suspensum ab archidiacono ad divina nihilominus admittentes.

Propterea precepimus predictis clericis et presbiteris, quod si aliquis ipsorum cum excommunicatis vel suspensis ab archidiacono memorato communicare recusaret, in ecclesia nostra non admitteretur quousque de stando juri coram nobis sufficientem daret cautionem, et juramentum faceret quod de cetero mandatis archidiaconi non obtemperaret donec per superiorem esset decisum. Ne vero capellani vel alii clerici ecclesie nostre ex mandatorum nostrorum adimplectione aliquod damnum perciperent, teneremur eos cum expensis nostris, in omnibus causis contra archidiaconum deffensare. Quod ut ratum et stabile permaneret presentes litteras sigilli nostri munimine fecimus roborari.

Actum anno Domini м° ducentesimo vicesimo quarto, mense augusto.

L.

L'archidiacre d'Étampes, à l'occasion d'une visite faite sur son ordre dans les églises Notre-Dame et Saint-Basile par Jean Nauden, doyen du Gâtinais, déclare qu'il ne veut rien innover et qu'il ne s'occupera nullement de ce qui concerne l'église paroissiale de Notre-Dame, qu'il importe de distinguer de la collégiale elle-même, puisque les offices paroissiaux se faisaient à l'un des autels de la collégiale.

Étampes, 19 avril 1450.

Instrumentum quomodo archidiaconus Stampensis visitavit ecclesiam Beate Marie Stampensis et ecclesiam Sancti Basilii, et declaravit predictus archidiaconus, quod sua intentio non erat aliquid innovare nec attemptare de novo contra predictas ecclesias tam de procuratione quam aliter.

Universis presentes litteras inspecturis, nos, Thomas Laplote in legibus licentiatus, et archidiaconus Stampensis in ecclesia Senonensi, notum facimus universis presentibus et futuris, quod cum nos, die certa et competenti, videlicet die dominica de *misericordia*, decima nona mensis aprilis, anno Domini millesimo quadringentesimo quinquagesimo, direxissemus venerabilibus et discretis viris, cantori et capitulo ecclesie Beate Marie de Stampis, mandatum nostrum, sub hac verborum forma :

Thomas Laplote, in legibus licenciatus, archidiaconus Stampensis in ecclesia Senonensi, discretis viris, cantori et capitulo ecclesie collegiate Beate Marie de Stampis, salutem in Domino. Vobis, tenore presentium, intimamus quod nos, die lune post diem dominicam de misericordia Domini proxime venturam, ad vos et ecclesiam vestram, prout decet, causa visitationis secundum formam juris ibidem exercende, Domino favente, intendimus personaliter declinare : Quare vobis mandamus quatinus vos et ecclesiam vestram, ut moris est, ad dictam visitationem per nos faciendam, et procurationem in pecunia numerata, ratione hujusmodi visitationis nobis debitam, dicta die preparetis.

Datum die dominica, vigesima nona mensis aprilis, anno Domini millesimo quadringentesimo quinquagesimo. *Sic signatum Hemard.*

Dicta die lune, post decantationem magne misse, dictis discretis viris in suo capitulo existentibus et congregatis, ibidem exposuimus quomodo jam predictus domnus Johannes Nauden, decanus christianitatis Vastinensis, quem ad id faciendum nostrum vicarium, virtute indultu apostolico constitueramus, visitaverat inter ceteras ecclesias nostri prefati archidiaconatus, ecclesias parochiales dicte ecclesie Nostre Domine et Sancti Basilii Stampensis. Occasione cujus visitationis dicti discreti viri Cepaut unam querimoniam in casu novitatis et saisine, quodque adhuc lis pendebat indecisa in Castello parisiensi, et quod nostre intentionis non erat aliquid facere seu attemptare in prejudicium dicti casus novitatis, prout nec fecimus, sed solum ipsam ecclesiam collegiatam visitavimus, nihil faciendo seu visitando in hiis que tangebant seu concernebant ipsam ecclesiam parochialem Nostre Domine. In cujus rei testimonium, sigillum nostrum una cum signo nostro manuali, litteris presentibus duximus apponendum.

Datum et actum in predicto capitulo, dictis die, luna et anno ut supra.

Etiam sunt plures quittancie facte per archidiaconos, ratione jocundi adventus, de viginti solidis, tam de Thoma Laplote archidiacono, tam de Egidio de Calvo, de Guido Comtet, de Petro de Mossa, de Therico de Braya, quam de pluribus aliis archidiaconis.

LI.

Donation par Louis II d'Evreux, comte d'Étampes¹, de plusieurs cens, rentes, héritages, fiefs, arrière-fiefs, etc., sis aux environs d'Étampes, ainsi que des droits de justice et mesurage y attenant, à la collégiale de Notre-Dame d'Étampes et à tous les bénéficiers de cette église.

Étampes, août 1373.

[Publ. par D. Fleureau, p. 324.]

1. Louis d'Evreux était fils de Charles d'Evreux, premier comte d'Etampes, et de Marie de la Cerda, comtesse de Biscaye, petite fille d'Alphonse X. Louis II d'Evreux eut la jouissance du comté d'Etampes depuis la mort de son père (1336) jusqu'à 1400. Cet acte de munificence

LII.

Fondation de la messe du Comte, vulgairement dite Messe au Comte, *par Louis II d'Evreux, comte d'Étampes*[1].

Paris, juillet 1378.

[Publ. par D. Fleureau, p. 320-323.]

LIII.

Louis d'Evreux, comte d'Étampes, fonde la messe au Comte[2]. *Il règle son anniversaire et indique minutieusement les lieux d'où l'on tirera les sommes et revenus nécessaires à l'acquittement de ses pieuses fondations.*

Paris, juin 1368.

[Publ. par D. Fleureau, p. 315-320.]

LIV.

Amortissement consenti par Charles VI, roi de France, de tous les biens que Louis d'Evreux, comte d'Étampes, a

---

lui fut suggéré par la considération des pertes subies par l'église Notre-Dame pendant les dernières guerres.

1. Cette charte n'est que la confirmation de la suivante qui fut donnée dix ans auparavant. Elle se trouve placée, on ne sait pourquoi, avant la charte de 1368 qu'elle devrait suivre. — Les règlements établis pour l'anniversaire du comte diffèrent un peu de ceux qui avaient été promulgués en 1368. Les lieux où il prend les revenus pour ces nouvelles libéralités sont parfaitement indiqués dans la charte; il est en particulier fait mention de dix livres à prendre au marché Saint-Gilles d'Etampes.

2. Le souvenir de cette *Messe au Comte*, qui se chantait chaque matin dans l'église Notre-Dame, n'a pas totalement péri dans la mémoire des habitants d'Étampes, et il y a peu d'années des vieillards se rappelaient encore avoir assisté à cette messe, laquelle se célébrait de très grand matin.

donnés à l'église et au collège de Notre-Dame. Dénombre-
ment de tous ces biens.

Paris, 4 février 1393 et novembre 1394.

[Publ. par D. Fleureau, p. 326-331.]

LV.

Amortissement consenti par Louis d'Evreux, comte d'Étampes,
de tous les biens que Jean de Nacelles ou Nasselles[1], son
écuyer, avait donnés à l'église de Notre-Dame[2].

Dourdan, mai 1375.

Littera amortizationis facta per predictum Dominum comitem Stampensem, de dicta missa matutinali.

Loys, comte d'Estampes, seigneur de Lunel. Scavoir faisons à tous présens et advenir, Nous avoir veu les lettres de nos amés les chantre et chappitre de notre esglise de Notre-Dame d'Estampes, scellés du scel du dit chappitre contenant l'affaire qui s'ensuyt.

A tous ceulx qui ces présentes lettres verront, le chantre et chappitre de l'esglise de Notre-Dame d'Estampes, salut en Notre Seigneur.

Saichent tuit que, très noble et puissant prince nostre très redoubté seigneur, mónseigneur le comte d'Estampes, seigneur de Lunel, nous eust transporté, baillé et delessé pour nous et nos successeurs, dès l'an mil ccc soixante et huit, plusieurs et certains hébergemens, cens, rentes, héritages, et revenues et possessions immeubles, assis et deuz en plusieurs lieux et villes en la chastellenie d'Estampes.

Entre les aultres choses, un hébergement, si comme il se

---

1. Suivant l'orthographe adoptée par Fleureau.

2. Cette nouvelle faveur du comte d'Étampes était encore faite en vue d'augmenter les revenus des bénéficiers qui assistaient à la messe au Comte.

comporte et poursuit, assis à Dommarville[1] avecque deux arpens que vigne, que vergier.

Item dix-huit mines de terre tenues du prieur de Sainct-Martin d'Estampes-les-Vielles à champars.

Item vingt et huit mines de terre au terrouer de la Heuse, tenant aux héritages du dit prieur de Sainct-Martin.

Item un setier de terre séant à la Haye-Boinville[2], tenant à Jehan de Boinville.

Item neuf mines de terre, séans à la Fosse-Boucher, tenant à Jehan de Nacelles[3].

Item six mines de terre, séans derrière le boys, au dit Jehan de Nacelles.

Item seize mines de terre, séans vers Chastillon[4], tenant au dit prieur de Sainct-Martin.

Item six mines de terre, séans à la voye de Méréville[5], tenant à Philippot le Boucher.

Item une mine de terre, séans à la Croix, tenant à Symon de Blésonville.

Item environ xxii livres de menus cens paiés à la Sainct-Remy de plusieurs personnes et pour plusieurs héritages du dit lieu.

Item environ trois muytz et troyz setiers d'avene de rente paiés (au) landemain de la Sainct-Remy chacun an de plusieurs personnes et de plusieurs héritages du dit lieu, lequel hébergement, appartenances et deppendances là devant déclarés, nostre dit seigneur avoyt acquis naguères de Philippot d'Auneux, qui les tenait en fief de nostre dit seigneur. C'est trans-

---

1. *Dommerville*, canton de Janville, arrondissement de Chartres (Eureet-Loir).

2. *Boinville*, hameau de la commune de Chalo-Saint-Mars, canton d'Étampes (Seine-et-Oise).

3. Sur Jean de Nacelles, seigneur de Dommerville, et d'autres membres de la même famille, voir le registre A. 1168, aux Archives départementales du Loiret.

4. *Châtillon-le-Roi*, canton d'Outarville, arrondissement de Pithiviers (Loiret).

5. *Méréville*, chef-lieu de canton (Seine-et-Oise).

port, bail et délessement à nous faict pour la fondation de la première messe, qui depuis a esté et dorénavant sera chantée et cellebrée par nous et nos successeurs à toujours, perpétuellement, par chacun an, en la dite esglise, par la manière et pour les affections et causes plus à plain spécifiées et déclarées ès lettres patentes de nostre dit seigneur, scellées en laz de soye et cyre vert, à nous baillées pour tesmoignage et assiette de la fondation de la dite messe, et par lesquelles il appert que nostre dit seigneur nous avoyt baillé et délessé les dits hébergemens, cens, rentes, revenues, héritages et possessions à tenir franchement et admortiz. Et depuis cest transport, bail et delaissement à nous ainssy faict, nous avons eu conseil et advis ensemble par manière (de) délibération en notre chappitre, et par très grand intervalle de temps que proufitable chose estoyt et seroyt, pour augmentation et évident proufit de la dite fondation de faire eschange et transport du dit hébergement, rentes et revenues appartenant à y celuy assis à Dommarville, la devant déclarés pour et à l'encontre des cens, rentes et revenues cy après specifiées et declarées et mesmement que notre dit seigneur le avoyt agréable, si comme par ces lettres nous est apparu, desquelles la teneur s'ensuyt :

Loys, comte d'Estampes, seigneur de Lunel, à tous ceux qui ces lettres verront salut. Comme japieça pour la fondacion et dottacion d'une messe cotidianne que nous avons fondée perpétuellement, en notre esglise de Notre-Dame d'Estampes, nous ayons baillé, transporté et admorti aux chantre et chappitre de la dite esglise plusieurs manoirs, terres, revenues et possessions, que nous avions de notre conquest et aultrement, assis en plusieurs lieux en notre chastellenie d'Estampes ; et entre les aultres choses : ung manoir, terres, rentes et possessions que nous avions en la ville de Dommarville et environ, en notre dite chastellenie, sy comme en nos lettres scellées en laz de soye et cyre vert, sur cè faictes est à plain contenu, lesquelx pour le faict des guerres du royaume de France, et des gens d'armes que longuement ont été et encore sont sur le païs, sont tournées en non-valloir. Et combien que par l'amortissement que faict en avons, les dits chantre et chappitre ne les puissent mettre ne transporter hors de leurs mains, toutesfuyes pour le cler et évident proffit de notre dite esglise, et à l'augmentation et accroissement de notre dite fondation, ils ont entention et vollonté de eschanger les dits manoir, terres, rentes et possessions de Dommarville, avecque Jehan de Nacelles nostre escuier, qui pour ce leur veult bailler certaines rentes en deniers et aultres deues et assises en plusieurs lieux en notre ville et chastellenie d'Estampes; maiz que sur ce ayent licence de nous, et que nous admortissions ce qui, en lieu des diz manoir, terres, rentes et possessions de Dommarville, leur sera baillé.

Scavoir faisons que nous qui désirons le proufit de notre dite esglise et laccroissement de notre dite fondation, avons ottroyé et ottroyons auxdits chantre et chappitre de grâce espécial, par ces présentes, que les dits manoir, terres, rentes et possessions de Dommarville, ils puissent eschanger avec le dit Jehan, en la manière que dit est; lequel eschange par eulx faict, nous confirmerons, et ce qui en lieu des terres, rentes et possessions de Dommarville leur sera baillé amortizons, se mestier est, toultes foix que nous en serons requis, parmy ce que les dites choses de Dommarville reviendront non admortiez et tenues de nous en fief. Si donnons en mandement par ces présentes à tous nos justiciers et officiers présens et advenir et à chacun d'eux, que les dits chantre et chappitre facent, souffrent et lessent joyr et user paisiblement de notre présente grâce, et contre icelle ne les empêchent en aucune manière. En tesmoing de ce nous avons faict mettre à ces lettres notre scel. Donné à Dourdan le neufhiesme jour d'aoust l'an de grâce mil ccc lx et quatorze.

Par lesquelles lettres dessus transcriptes il luy plaist que icelluy hébergement et appartenances assis à Dommarville, si nous veyons le dit eschange estre prouffitable, retourne en son premier estat de fief, et à nous admortir les choses cy après déclarées, en passant le dit eschange, et par la forme et manière que le dit hébergement et appartenances assis au dit lieu de Dommarville estoyt par luy admorti. Pour nous de notre certaine science et d'un commun accord et consentement, et

pour l'évident proufit de notre dite esglise et de la dite fondation, recongnaissons et confessons de nos pures et franches
vollontez avoir baillé et eschangé et par nom de vray eschange
et permutation, baillé et delaissé et transporté, et dès maintenant eschangeons et permutons à tousjours perpétuellement
sans intencion de jamès rappeler, à Jehan de Nacelles pour
luy, pour ses hoirs, et pour ceulx qui de luy auront cause pour
le temps avenir, le dit hébergement, appartenances et appen-
dances assis à Dommarville toult en la forme et manière que
declaré est là dessus, avecque toult le droit, action, signeurie,
saisine, sous proprietté et possession que nous en avions et
pouvions avoir, vollans et consentans que le dit Jehan en
deveigne homme féodal de notre dit seigneur, et en joysse
dorénavant à son singulier proufit.

C'est à savoir cest eschange et permutation faictz pour et
à l'encontre des cens et rentes que le dit Jehan a eu naguères
par acquisition faicte de discrète et honneste personne, messire
Pierre Torel, prestre, chanoine de Chartres, lesquelx furent par
avant à Jehan de Challou, assiz et deus ès villes et terrouers
d'Estampes et de Morigny[1], receuz par an à plusieurs festes.

Item les deux parts de tel droict comme le dit Jehan a acquis
du dit messire Pierre, et que le dit messire Pierre avait au
temps qu'il les possedait, par acquisicion faicte de Jehan
Eritan; en et sur cent sols de cens qui se prennent et livrent
par an en commun avecque aultres signeurs sur les habitans de
la ville de Champmoteux[2], avecque xxii deniers parisis, que
nous prendrons sur l'autre tiers d'iceulx cent sols outre les
deux parts devant déclarées, le dit cens receu par an le jour de
la feste aux Mors.

Item du cens et revenue diceluy que le dit Jehan a acquis
naguères par achat faict de Philippe des Prèz dit Doillart, escuier, signeur de Messes[3], et de damoiselle Perrenelle sa femme,
prins et receu par an à la Sainct-Remy d'Estampes, en la mai-

---

1. *Morigny*, canton d'Étampes.
2. *Champmolteux*, canton de Milly.
3. *Maisse*, canton de Milly.

son de l'abbesse de Villiers, appelé le cens commun, ou qu'il partissent la dite abbesse et chappitre de Saincte-Croix d'Estampes, lesquels eulx cens et rentes avons baillées par le dit eschange, notre dit signeur nous a afranchy et admortiz, comme il appert plus à plain par les lettres de notre dit seigneur, que nous avons devers nous, dont le dit Jehan en a eu copie. Promettans en bonne foy et par serment que jamais, à nul jour, ou temps advenir, nous, ne nos successeurs ne yrons, ne ferons aller à l'encontre des eschange, accors et convenance dessus declarées. Aincoys les tiendrons et aurons fermes, estables et agréables à tousjours, et au dit Jehan, et à ses hoirs, ou ayans cause, ferons et porterons garentie des dits cens, rentes et heritages et aultres possessions que nous (avons) baillez au dit Jehan, envers tous et contre tous que aucun empêchement y vouldroyent mettre, et oultre y ferons mettre l'auctorité de Révérent Père en Dieu, monseigneur l'archeveque de Sens, aux veux du dit Jehan toutes foix que par luy en serons requis. Et rendrons et paierons tous cens, mises, dommages, intérestz et despenses que le dit Jehan, ses hoirs, ou ceulx qui auront sa cause auroyent euz faictz et soutenuz par deffaulte de garentie non faicte, et des choses devant déclaréez non tenuez, et non acompliez en la manière que dessus est deuse, et à toult ce que dit est, fermement tenir et loyaument acomplir.

Nous obligeons, nous, nos successeurs, et les biens de notre dite esglise, meubles et immeubles présens et advenir ou qui soyent sceuz ne trouvez, et renoncans à toultes. choses quelconque, qui tant de faict comme de droict aider et valloir nous pourroyent à aller contre ces lettres, et au dit Jehan de Nacelles, à ses hoirs, ou ceulx ayans sa cause nuyre. En tesmoing de laquelle chose nous avons scellé ces lettres de notre scel duquel nous usons. Ce fut fait l'an de Notre Seigneur mil ccc lx et quinze, le vendredi xiiiie jour de mai.

Lesquelles lettres dessus transcriptes et toultes les choses contenues en icelles et chascune nous avons diligemment veues et visitées, et ycelles avons agréables, louons, rattifions et approuvons, et par la teneur de ces présentes, de certaine

science et grâce espécial confermons; et ampliant notre dicte
grâce, nous qui désirons l'accroissement et proufit de notre
dite fondation, avons admorti et admortissons les cens et
rentes dessus déclarées, baillées et delaissées, aux diz chantre
et chappitre par le dit Jehan de Nacelles en faisant l'eschange,
dont mancion est faicte cy dessus, parmy ce que les hébergement, terres, cens, rentes et revenuez baillées par les dits
chantre et chappitre au dit Jehan de Nacelles retournent, de-
viengnent, et demourent tenuz de nous en fié, par la forme et
manière que les en ont tenuz Philippot d'Auneux et ses prede-
cesseurs, et qu'il les tenait de nous au temps et jour que le dit
Philippot les nous transporta par achat; et nous en a faict
hommage le dit Jehan de Nacelles, auquel hommage nous le
avons receu et le en avons mis et mettons en foy par ces présentes. Et par ce l'avons quitté et quittons de la foy qu'il nous
debvait pour raison des dits cens et rentes par luy baillées aux
dits chantre et chappitre, lesquelx nous voullons et nous plaist
par le dit eschange, que iceulx chantre et chappitre et leurs
successeurs tiengnent, lievrent, et reçoivent et esploitent à
tousjours perpetuellement comme admortiz, sans ce que les
dits chantre et chappitre soyent tenuz de paier aucune finance
à nous, ou à nos successeurs, comtes d'Estampes, ne qu'ils
puissent estre contrains à les mettre hors de leurs mains pour
quelque cause que ce soyt, à présent ne au temps advenir.

Et d'abondant, gratis avons admorti et admortissons le
surplus du tiers des cents solz dont mencion est faicte ès lettres dessus transcriptes, et avons ottroyé et ottroyons au dit
Nacelles que ycelluy surplus puisse transporter à notre dite
esglise en quelque manière que luy plaira, et non ailleurs, sans
ce que les dits chantre et chappitre le puissent mettre hors de
leurs mains, ne soyent contrains à paier aucune finance, mais
les tiengnent et possédent en la manière que dit est des autres
cens et rentes dessus devisées; laquelle finance, se aucune en
estoyt deue, nous avons donné et quitté, donnons et quittons
au dit de Nacelles de grâce especial.

Si donnons en mandement à nos amés et feaux gens de nos
comptes; à nos bailly, recepveur, et procureur d'Estampes et

à tous nos aultres justiciers et officiers présents et advenir et
à chascun d'eulx, si comme à luy appartiendra, que les dits
chantre et chappitre et leurs successeurs facent, seuffrent et
laissent joyr et user paisiblement des cens et rentes dont est
faicte mencion selon la teneur de ces présentes; et contre
ycelles ne les contraignent ne seuffrent estre empeschez dorénavant en aucune manière.

Et pour ce que ce soyt chose ferme et estable à tousjours,
nous avons faict mettre à ces lettres notre scel. Sauf en aultres
choses notre droict et en tous l'autruy.

Donné à Dourdan le XIIII⁰ jour de may, l'an de grâce mil
CCC LX et quinze.

LVI.

Autre amortissement consenti par le même comte d'Étampes[1]
du cens qui lui était dû sur les biens cédés par Pierre
Durant et Ferry Huë, tous deux bourgeois d'Étampes,
à l'église Notre-Dame, à la charge de quelques services
religieux.

Étampes, 25 septembre 1384.

Littera amortizationis facta de censu quem dederunt deffuncti Petrus Durant et Ferrycus Hue ecclesie Beate Marie de
Stampis.

Louys, comte d'Estampes et de Gien, scavoir faisons à tous
présens et advenir, que comme Pierre Durant et Ferry Huë,
bourgeois de notre ville d'Estampes, pour le remède et salut
des âmes deux, de leurs femmes, leurs pères et mères et leurs
enffans, ayant donné et ausmoné, cédé, delessé et transporté à

---

1. Le comte d'Étampes, qui se montra si libéral en faveur de l'église
Notre-Dame, s'était marié en 1357 avec la veuve d'un gentilhomme tué à
la bataille de Poitiers. Il n'eut point d'enfants de son mariage; c'est pourquoi il disposa de tous ses biens avant de mourir, tant en faveur du
clergé qu'en faveur de la famille royale à laquelle il était allié.

tousjours mèz; à nos chiers et bien aymez les chantre, chappitre, chanoines, chappelains et aultres bénéficiers de notre
dite esglise collégial de Notre-Dame d'Estampes, pour eux et
leurs successeurs, cent quinze solz parisis de menu cens, portant lots et ventes avecque toulz les droictz, proffitz, revenuz
et aultres quelconques émolumens et appartenans et appen-
dens aux ditz menus cens, que les ditz Pierre et Ferry avoyent,
tenoyent et possédoient en fief et hommage de nous, en notre
dite ville d'Estampes.

C'est assavoir *cent solz* de et sur plusieurs maisons, masures,
jardins, vergiers, places vuides et aultres tenemens, receuz lors
de la feste Sainct-Denis, en une rue de notre ville, appelée la
Rue-Neufve, en la paroisse Sainct-Basille. — Et *quinze solz*
sur plusieurs héritages, maisons, masures, vergiers et aultres
ténemens, assis en notre ville d'Estampes-les-Vielles, en la paroisse Sainct-Martin, receuz aussy en la dite paroisse le dit
jour de Sainct-Denis. Parmy ce que les ditz chantre, chappitre,
chanoines, chappelains et aultres bénéficiers de notre dicte
esglise et leurs successeurs sont et seront perpetuellement
tenuz de dire, chanter, cellébrer deuement et sollempnellement
chacun an deux messes en la manière que ensuyt. C'est assavoir le mardi après la feste de Sainct-Denis chacun an perpetuellement, une messe du sainct Esprit pour le salut et remède
du dit Pierre Durant et des siens. Et le huitième jour après ensuivant une aultre messe aussy du sainct Esprit pour le salut
de l'âme du dit Ferry et des siens. Lesquelles messes du sainct
Esprit seront après le trespas des ditz Pierre et Ferry ou de
leurs femmes, dittes, chantéez et cellebrées de Requiem perpétuellement à telz jours comme ils auront esté trespassés
avecque les vigillez précédans acoustumées à faire en tel cas.
Si comme par les ditz chantre, chappitre, chanoines, et les ditz
Pierre et Ferry nous a esté exposé en nous suppliant humble-
ment que les ditz cent et quinze solz de menuz cens portans
lotz et ventes leur veillons admortir. Nous eu regart et considération aux choses dittes, voullans et désirans de notre cueur
le divin service estre acreu et augmenté en notre temps, et
nous estre participans et acompagnéz aux dittes messes et

aultres services qui sont et seront faictz dorénavant en notre esglise. Les ditz cent et quinze solz de menuz cens portans lotz et ventes avec toulx les proufitz et émolumens appartenans aux ditz cens, comme dit est, en regard de pitié, de notre certaine science et grâce espécial avons admortiz et admortissons par ces présentes ; et ottroyons aux ditz chantre, chappitre, chanoines, chappelains et aultres bénéficiers de notre dite esglise que eulx et leurs successeurs puissent dorénavant paisiblement et perpétuellement' tenir, posséder, avoir, cuillir et percevoir les ditz cent et quinze solz de menuz cens en la manière que dessus, comme chose admortie, sans ce que eulx ou leurs successeurs soyent ou puissent estre ores ou temps advenir par nous, nos successeurs ou ayans cause de nous, nos officiers ou aultres contrains à délesser, aliéner, ou mettre hors, comment que ce soyt, de leurs mains, yceulx cent quinze solz de menuz cens, et sans que eulx ou leurs successeurs soyent tenuz d'en paier à nous ou nos successeurs aucune finance. Laquelle finance, nous, pour Dieu et en aumosne, et de habundant grâce leurs avons donné et quitté, donnons et quittons à tousjours mèz par ces présentes.

Si donnons en mandemant à notre bailli d'Estampes, recepvcur et à tous nos aultres justiciers et officiers présens et advenir, et de nos successeurs, ou leurs lieutenans que les ditz chantre, chappitre, chanoines, chappelains et aultres bénéficiez de notre dicte esglise, qui à present sont, et pour le temps advenir seront, laissent, facent et seuffrent user et joyr plainement et perpétuellement de notre présente grâce, don et octroy, selon la forme et teneur de ces lettres, sans les travailler, molester ou empêcher, ne faire ou souffrir estre orez ou au temps advenir travailléz, molestéz ou empeschéz en aucune manière au contraire. Et pour ce que ce soyt ferme chose et estable à tousjours, nous avons faict scelléz ces présentes, de notre propre scel en laz de soye et cyre vert, sauf en aultres choses notre droict, et en toultes aultres l'autruy.

Donné en notre chastel d'Estampes, le vingt cincquiesme jour du moys de septembre en l'an de grâce mil ccc quatre vingtz et quatre.

LVII.

Arrangement conclu entre le chapitre métropolitain de l'église de Tours et le chapitre de Notre-Dame d'Étampes, au sujet de droits et de redevances à prendre sur une grange située à Blandy.

Tours, 23 juin 1479.

Sententia et appunctuamentum facta inter decanum et capitulum turonenses, quomodo debent, quolibet anno, capitulo Beate Marie Stampensis sexaginta et quatuor solidos parisienses super granchiam de Blandiaco.

Universis presentes litteras inspecturis et audituris, decanus et capitulum sancte metropolis ecclesie turonensis, Sancte Sedi apostolice immediate subjecte, salutem in Domino et presentibus fidem indubiam adhibere.

Cum lis seu questio moveretur seu moveri speraretur inter venerabiles et discretos viros, cantorem et canonicos et beneficiatos ecclesie collegiate Beate Marie de Stampis, Senonensis diocesis, actores ex una parte; et nos ac ecclesiam nostram reos seu deffensores ex alia; super quibusdam denariis, per dictos actores, super grangiam nostram de Blandiaco, presens et inferius specificatis. Tandem pro bono pacis et concordie inter nos et actores prefatos, concordatum, transactum et apunctuatum est modo et forma contentis seu redactis in quadam cedula, super transactione et apunctuamento hujusmodi, cujus tenor sequitur et talis est :

Comme certain débat ou procès feust naguères meu ou espéré amouvoir entres les chantres, chanoines et bénéficiéz de l'esglise collégial Notre-Dame d'Estampes, de fondacion royal, d'une part; et les doyen et chappitre de l'esglise de Tours deffendeurs d'aultre part; sur ce que iceulx demandeurs disoient et proposoient, que à eulx, à cause de leur fondation et augmentation de la dicte esglise de Notre-Dame d'Estampes, competent et appartiennent plusieurs droictz, fiefz, censives, champars, dismes, rentes, revenues, et aultres possessions; et

4

en especial leur competoient et appartiennent, à cause de la fondation d'une messe à note, en l'honneur de la Vierge Marie,
cellebrée chacun jour de l'an, au cueur d'icelle esglise, inconti-
nant après matines, nommée la Messe du Comte, quarante solz
parisis, sept oyez, quatorze coichiez, ensemble deux muytz
de blé à la mesure de Blandi[1], en la comté d'Estampes; toult ce
de rente annuelle et perpétuelle, admortie et donné à tousjours
par feux messire Loys d'Esvreux, jadis comte d'Estampes,
fondeur de la dite Messe. Lesquelx XL solz parisis, sept oyez,
XIIII coichiez et deux muytz de blé, iceluy comte prenoit et
avoit droict de prendre en la granche et revenues du dit lieu
de Blandi, en icelle comté d'Estampes, appartenant ausditз
signeurs doyen et chappitre d'icelle esglise cathédral de Tours.
Les ditz chappitre de Tours disoyent et soustenaient au contraire : cest assavoir en tant que touche les dits deux muytz de
blé, que de ce ilz ne scavoient riens, et n'en avoyent aucune
chose paié, ne en cuidoyent auchune chose devoir ausditz demandeurs. Mays en tant que touche la dite rente des XL solz
parisis, sept oyez, et quatorze coichiez, confessèrent estre deue
par eulx et leur dit chappitre sur les dites granche et revenues
du dit Blandi; et ne voulloyent pas denier la possession des
dits demandeurs au regard d'icelle rente de XL solz parisis, sept
oyez, et XIIII coichiez; finablement les dites parties pour éviter
plèt et procèz et nourir paix et amour, elles les fretz, missions
qu'il eust convenu faire à l'occasion du dit procès; et aussy
que les ditz deffendeurs sont hault justiciers et signeurs de la
dite terre, revenues et granche de Blandi, auquel lieu ils ont
grandement fraié, et plusieurs réparations somptueuses leur a
convenu faire en la dite granche; et aussy que la terre de
Blandi est fort diminuée et aultres causes et considérations
raisonnables à ce les mouvans, par le conseil et délibération de
plusieurs notables personnes, amis et bienveillens des dites
deux esglises, les dites parties ont pacifié, transigé et accordé
en la forme et manière que s'ensuyt. C'est assavoir que les dits
doyen et chappitre d'icelle esglise cathedral de Tours et leurs

---

1. *Blandy*, canton de Méréville (Seine-et-Oise).

successeurs rendront et paieront doresnavant à tousjours, chacun an, pour et au lieu de la dite rente, audiz chantre, chanoines et bénéficiéz d'icelle esglise Notre-Dame d'Estampes, et à leurs successeurs, pour toultes choses, au terme Sainct-André, qui est le dernier jour de novembre, la somme de soixante et quatre solz parisis de rente annuelle, perpétuelle, admortie et non rachetable, à prendre, lever, avoir et recevoir en et sur icelle granche, cens, rentes et revenuez et signeurie de Blandi, dont le premier terme de paiement sera et commencera au jour et feste Sainct-André prochaine venant, et ainssy de an en an et de terme en terme.

Quodquidem apunctuamentum transactionemve seu concordatum, ratum et gratum habemus teneri et observari, ac robur perpetue firmitatis obtinere volumus, et promittimus pro nobis et successoribus nostris terramque et totum dominium nostrum de Blandiaco predictum, cum fructibus et proventibus ejusdem ad hoc affici et obligari; illudque obligamus et ypothecamus per presentes nostras litteras, quas propter hoc, dictis cantori et canonicis et beneficiatis ecclesie de Stampis dedimus et concessimus, in hujus rei testimonium sigilli nostri munimine roboratas.

Datum Turonis in capitulo nostro generali, die vicesima tertia mensis junii, anno Domini millesimo quadringentesimo septuagesimo nono.

LVIII.

Accord consenti entre le chapitre de Notre-Dame d'Étampes et le prieur de Saint-Samson d'Orléans, touchant les dîmes de Nangeville.

[Orléans], 11 juin 1495.

Ratification de cet accord par les religieux de Saint-Samson.
(20 juin 1495).

Apunctuamentum factum inter cappitulum Beate Marie Stampensis et priorem Sancti Sansonis Aurelianensis de decimis de Nangevilla.

A tous ceulx qui ces présentes lettres verront, frère Guillaume

Sévin, presbtre, prieur du prieuré conventuel monsieur Sainct-Sanxon d'Orléans, salut; scavoir faisons : Que nous et frères Raoul Besnard, Loys Malapart, prieur du prieuré de Prunesac, Jehan Foucault, prieur du prieuré de Framer, membres dep- pendens dudit prieuré Sainct-Sanxon[1], Pierre Gauguin, Jacques Chanqueau, Crotian Lebeuf, Fraucoys Gaudion, Estienne Coiguet, Jehan Piget et Francoys Rogier, toulx prebtres reli- gieux du dit prieuré Sainct-Sanxon, cappitulans et tenans chappitre général en notre chappitre au son de la campane[2], au lieu et heure et manière acoustumé, cognoissons et confes- sons que pour le cler et évident proufit et utilité de nous et de notre dite esglise et prieuré, nous avons eu pour agréable, rattiffié, confermé et approuve; et par ces présentes ratiffions, confermions et approuvons certaine transaction, pacification, accord et appoinctement naguères faictz et passéz entre le dit prieur d'une part; et les chantre, chanoines et chappitre de Notre-Dame d'Estampes, et monseigneur le comte dudit Es- tampes[3] adjoinct avec eulx d'autre part. Pour raison des dismes de certaines pièces de terre, assises entre les villages de Nan- geville[4] et Oynville en Beausse[5], et duquel accord et appoinc- tement la teneur s'ensuyt :

Pour obvier aux procèz, questions et débats qui estoyent pendens par devant messieurs des requestes du pallays à Paris, entre les religieux prieur et couvent de Sainct-Sanxon d'Orléans d'une part; et les chantre, chanoines et chappitre de Notre-Dame d'Estampes, et monseigneur le comte du dit d'Estampes ad- joinct avecque eulx d'aultre part.

Pour raison et à cause des dismes de certaines pièces de

---

1. *Prunesac*, lieu sis en la commune de Villegenon, canton de Vailly-sur-Sauldre (Cher). — *Framée*, commune de Brinon-sur-Sauldre, canton d'Argent (Cher). Cf. C. de Vassal, *Recherches sur le collège royal d'Or-léans* (Orléans, Herluison, 1861), p. 13.

2. *Campana*, cloche.

3. Il s'agit de Jean de Foix, créé comte d'Étampes en 1478 par Louis XI, mort à Étampes (1500) et enseveli dans l'église Notre-Dame.

4. *Nangeville*, canton de Malesherbes (Loiret).

5. *Oinville*, hameau de la commune de Mainvilliers, canton de Males-herbes, arrondissement de Pithiviers (Loiret).

terre assises entre les villages de Nangeville et de Oynville en Beausse, que chacune des parties disoyt à luy appartenir, et nourrir paix et amour entre eulx, les dites parties comparans.

C'est assavoir les dits religieux prieur et couvent de Sainct-Sanxon par frère Guillaume Sevin, prieur du dit prieuré, et soy faisant fort des dits religieux et couvent diceluy; et les dits chantre et chanoines d'Estampes et le dit monseigneur le comte, par maistres Jehan Aubert, chanoine, et Anthoine Defarges, chappelain et boursier de la dite esglise, eulx disans et portans fors des chantre et chanoines dicelle esglise, et du dit monseigneur le comte, ont transigé, pacifié et accordé ensemble en la manière qui s'ensuyt : C'est assavoir que ausdits chantre et chanoines d'Estampes, leurs successeurs et ayans [cause] seront et appartiendront doresenavant toultes les dismes de grains, qui viendront et croistront ès terres qui sont situéz et assizes oultre les dits villages de Nangeville et d'Oynville du costé et devers le dit village de Nangeville depuis les bournes qui seront mises et plantéz à droicte ligne et esquierre l'une de l'autre, à commancer à une haulte bourne qui sera mise et plantée au-dessus du chemin par lequel l'on va de Buno à Maintvillier[1] au dedans de la paroisse du dit Nangeville; laquelle bourne se rendra à droicte ligne à une bourne qui est de présent et dès longtemps à assize, et faict la séparation de certaines piesses de terre appartenant à Estienne de Blezes, au dit prieur de Sainct-Sanxon, à monseigneur Loys, signeur de Graville et à l'escarbout de Vieleux (sic). Et de la dite bourne en fendant à droicte ligne jusques au chemin par lequel l'on va du dit Nangeville à Oynville excepté toutefuoyes, une pièce de terre contenant neuf arpens ou environ assis entre le dit chemin et la dite bourne dessus déclarée, appartenant au dit prieur de Sainct-Sanxon, et aux religieux abbé et couvent de Sainct-Benoist, comme l'on dit; et sur lesquelx les dits religieux et prieur prenent le champart par moitié et encores le dit prieur et le curé d'Orvau[2] les dismes aussy par moitié; et du dit che-

---

1. *Mainvilliers,* canton de Malesherbes (Loiret).
2. *Orveau,* canton de Milly (Seine-et-Oise).

min allant de Nangeville à Oynville à commancer à une bourne qui est assise sur le bourt (bord) d'ycelluy chemin au coing des terres du dit Sainct-Benoist et des terres d'Oynville et de la dite bourne, de bourne en bourne, à plusieurs bournes qui de présent et dès longtemps à sont plantées et assizes au long des dites terres d'Oynville et des terres d'Orvau jusques au chemin par lequel on va du dit village de Nangeville à Bellesauve[1].

Et ausdits religieux, prieur et couvent de Sainct-Sanxon, leurs successeurs et ayans cause seront et appartiendront toultes les dismes des grains qui viendront et croistront ès terres estans entre les dites bournes dont dessus est faicte mencion et le dit village d'Oynville, sans ce que doresnavant les ungs puissent prendre ne lever dismes sur les aultres, ne y prendre aucun droict. Et sans préjudice toutefuoyes ausdits religieux, prieur et couvent, leurs successeurs et ayans cause des droictz de champart et censive qu'ils dient avoir droict de prendre et percevoir par chacun an sur plusieurs pièces de terre estans du cousté et devers le finage ou les dits chantre et chappitre prendront les dismes, comme estans de la paroisse de Nange-ville. Et aussy sans préjudice des droicts des signeurs de fief ausquelx compettent et appartiennent plusieurs des dites terres. Et reservé aussy ausdits religieux, prieur et couvent de Sainct-Sanxon la disme de cinq arpens de terre assizes au terrouer de Chastelle[2] pour raison du champart, duquel ilz en sont de pré-sent en procès à l'encontre du dit monseigneur de Graville[3] ausdites requestes du Palays, disans qu'ilz leur appartient d'ancienne fondation, et est admorti. Sans préjudice toultefoyes ausdits chantre et chappitre de Notre-Dame d'Estampes que au cas que les ditz religieux, prieur et couvent estoyent ou fussent évincez du dit champart à l'encontre du dit signeur de Graville, et que icelluy de Graville le gaignast, par l'yssue du dit

1. *Bellesauve*, hameau de la commune d'Orveau.
2. Lieu dit qui semble disparu.
3. Il s'agit de Louis Malet, amiral de Graville, sur qui M. Michel Perret doit prochainement publier une étude complète. (Voir *Position des thèses de l'École nationale des Chartes*, 1885, pp. 147-153.)

procez ou aultrement, de pouvoir par eulx et leurs successeurs prendre et lever dismes sur les dits cinq arpens, comme estans en la paroisse du dit Nangeville.

Ausquelles choses dessus dites, tenir et entretenir et acomplir chacune des dites parties dessus nommées se sont obligéz et obligent et ont promis le faire passer, louer et ratiffier chacun d'eulx soulz les féaulx seaulx de leur esglise. C'est assavoir les dits Aubert et Defarges ausdits chanoines et chappitre d'Estampes; et le dit Sevin ausdits religieux et couvent du dit prieuré de Sainct-Sanxon d'Orléans dedans quinze jours prochainement venant. Et faire planter et assoir les dites bournes dedans la Sainct-Remy aussy prochainement venant, selon et aussy que dist est cy dessus, par mesureurs et arpenteurs jurés de terres, à communs dépens : chacune desquelles bournes sera marchée (marquée) de deux coustéz, l'un d'iceulx à la marque ou armes des dits religieux, prieur et couvent; et l'autre cousté à la marque ou armes des dits chantre, chanoines et chappitre d'Estampes.

Et estoyent présens à faire et accorder toult ce que dit est nobles hommes : Jehan Désert; Lubin; Charles d'Arbouville, signeur de Buno[1]; Guillaume d'Otarville[2]; Jehan d'Otarville; Charles de Chantalone; Charlot le Maire; Mathurin le Maire, toulx escuiers; Colin d'Anomville, dit Larcher; Gilbert Deleton; Thomas Mahot; Jehan Tiercellin; Gillet Carrillon; Jehan Bénard; Jehan Letexier; Adam Gervaise; Jehan Mahondeau; Pierre Légier; Estienne Pochot, et plusieurs aultres.

Faict le jeudi unziesme jour de juing, l'an mil cccc quatre vingtz et quinze.

Ainsy signé : J. Aubert; Defarges; Bouland, pour présent.

Si promettons loyaument et en bonne foy que contre les transactions, accord, pacification, appoinctement et choses dessus dites, ne contre aucunes dicelles nous ne voudrons

---

1. Sur *Buno* (Seine-et-Oise) et ses seigneurs, voir le mémoire de M. Louis André, dans les *Annales de la Société du Gâtinais*, tome III (1885), pp. 181-195.

2. *Outarville*, chef-lieu de canton, arrondissement de Pithiviers (Loiret).

aller, ne venir ferons en auchune manière. Encoys les avons et aurons tousjours agréables et tiendrons fermes et eṣtables, sans auchune infraction. Et quand ad ce et à paier tous coustz, intérestz, mises et despens que sur ce faictz et soustenuz seront par défault d'entretenement et acomplissement des choses dessus dites ou d'aucune d'icelles; au simple serment du porteur de ces lettres sans aultre preuve faire. Nous avons obligé et obligeons et soubzmis et soubzmettons à la juridiction et contrainte de toultes courtz et juridictions les biens et temporel de nous, et de notre dicte esglise, prieuré et couvent, meubles et immeubles, présens et advenir ou qu'ilz soyent. Et renonçons à toultes grâces et privilléges quelzconques qui, tant de faict que de droict, aider, servir et valloir nous pourroyt contre ces présentes. Ausquelles, en tesmoing de ce, nous advons mis et aposé noz seaulx, dont nous usons et avons acoustumé user pour les besongnes et affaires de notre dite esglise, prieuré et couvent.

Ce fut faict le samedi vingthiesme jour de juing, l'an mil cccc quatre vingtz et quinze.

LIX.

Charte de Henri Ier, roi de France, qui règle les prérogatives du chapitre de Notre-Dame d'Étampes.

Compiègne, 1046.

[Publ. par D. Fleureau, p. 292.][1]

LX.

Nomination de Jean Thomas, prêtre, comme maître des écoles de l'église Notre-Dame d'Étampes, faite par Ivard de Lunaires, chantre de cette église.

Étampes, 10 octobre 1367[2].

1. Cette charte n'est que le double de la pièce no XXVIII.
2. Parlant incidemment de cette pièce, l'auteur des *Antiquités d'Étampes*

Presentatio scolarum facta per cantorem ecclesie Beate Marie Stampensis ad domnos predicte ecclesie collatores.

Ivardus de Lunariis, cantor et canonicus ecclesie Beate Marie de Stampis, Senonensis diocesis, dilecto nostro domino Johanni Thomas presbytero, salutem et dilectionem.

Quum jamdiu est, vobis tradiderimus regimen et gubernationem scollarum grammaticarum Beate Marie predicte cum emolumentis earumdem; iterato vobis confirmamus ad gubernandum, ut prius, cum honere et honore; requirens dilectos meos fratres canonicos dicte ecclesie, quatenus vos de ipsis faciant et permittent gaudere pacifice et quiette de cetero.

In cujus rei testimonium sigillum cantorie mee cum contra-sigillo presentibus litteris duxi apponendum.

Datum die dominica post festum Sanctorum Dionisii, Rustici et Eleuterii. Anno Domini Mo CCCo LXVIIo.

LXI.

Louis Ier d'Évreux, seigneur d'Étampes, assigne sur la prévôté d'Étampes trente sous tournois de rente, légués au chapitre de Notre-Dame par Marguerite d'Artois, son épouse, pour la célébration de son anniversaire.

Paris, août 1311.

[Publ. par D. Fleureau, p. 398.]

LXII.

Philippe IV, roi de France, amortit les trente sous tournois légués par Marguerite d'Artois, comtesse d'Étampes, au chapitre de Notre-Dame pour la célébration de son anniversaire.

Saint-Ouen, août 1311.

---

dit qu'elle est de 1357 et qu'elle fut donnée le dimanche *avant* la fête de saint Denis. La mention expresse du Cartulaire semble donner tort à dom Fleureau.

Confirmatio et admortizatio de xxx solidis turonensibus, facte per regem Francie, pro anniversario predicto, Margarite comitisse Stampensi.

Philippus, Dei gratia Francorum rex, notum facimus universis tam presentibus quam futuris, nos infrascriptas litteras vidisse de verbo ad verbum formam que sequitur, continentes :

Nos, Ludovicus regis Francie filius, comes Ebroicensis, notum facimus..... *(C'est la pièce précédente reproduite mot à mot jusqu'à la date).....*

Nos autem predictam donationem, concessionem et assignationem et omnia supradicta rata et firma habentes, ea volumus et auctoritate regia approbamus ; volentes et concedentes ecclesie predicte, de gratia speciali, ut ipsa ecclesia de cetero, redditum supradictum super dicta prepositura capiat, percipiat et habeat perpetuo sine coactione vendendi aut extra manum suam ponendi, aut nobis seu successoribus nostris exinde aliquam financiam faciendi.

Quod ut firmum et stabile perpetuo perseveret, presentibus nostrum fecimus apponi sigillum, salvo in aliis jure nostro, et in omnibus quolibet alieno.

Actum apud Sanctum Audoenum[1] prope Sanctum Dionisium in Francia. Anno Domini Mº cccº undecimo, mense augusti.

LXIII.

Exécution du testament de Charles d'Évreux, premier comte d'Étampes. Assignation de dix livres tournois sur la prévôté d'Étampes pour la célébration annuelle de quatre services solennels fondés par ce testament.
Cette charte contient en vidimus : 1º Une lettre de Jeanne d'Évreux, reine de France, sœur du comte Charles, et son exécutrice testamentaire (24 janvier 1337); 2º Une lettre de

---

1. *Saint-Ouen*, canton de Saint-Denis (Seine).

Philippe de Melun, évêque de Châlons-sur-Marne, confirmative de la précédente (même date).

Étampes, 10 février 1337.

Assignatio VIII librarum parisiensium pro quatuor anniversariis domini Caroli, comitis Stamparum, super prepositura, terminis Omnium Sanctorum et Ascensionis Domini.

A tous ceulx qui verront ces lettres, Denis de Charroles, clerc et conseiller du roy notre sire; Regnault de Sarguz, chancellier de Baïeux, clerc et conseiller monseigneur d'Alençon; et Robert de Charny, réformateurs, députés en toulte la terre et comté d'Estampes, salut.

Nous avons receu unes lettres scelléez du scel de madame la royne Jehanne, executerresse du testament ou dernière volonté de monseigneur Charles d'Evreux, son frère, jadix comte d'Estampes, qui Dieu absolle; et aussi scelléz des sceaulx des aultres exécuteurs du dit testament, contenant la forme qui s'ensuyt:

Jehanne, par la grâce de Dieu, royne de France et de Navarre, exécuterresse avec les personnes cy dessus nomméez du testament et dernière volenté de notre trés cher frère, le comte d'Estampes que Dieu absolle : A notre amé et féal clerc et conseiller, maistre Denis de Chairolles, Regnault de Sarguz, chancellier de Baïeux, et Robert de Charny, salut et dilection.

Comme notre diz cher frère ait fait certains léz en son dit testament, tant en rentes comme en deniers, et nous soiens trés désirans de cueur selon ce que tenue y sommes, que sa dite exécution soit enterinée et acomplie, vous mandons et commettons que toulx les ditz lèz, tant de rentes comme de deniers, desquelx il vous apperra par le transcript du dit testament, scellé du scel du Chastellet de Paris, lequel nous vous avons faict bailler avecque ces présentes lettres, vous enteriniez et faictes enterinéz réalement et deset et donnéz vos lettres ouvertes aux esglises, paroisses et hostels-Dieu de l'assignation que vous leur ferez des rentes et deniers que lessiez leur sont par le dit testament; lesquelles nous rattiffierons après, avec les diz aultres executeurs, quant requise en serons.

Et aussy est notre entente que avant toulte euvre vous prenès lettres ouvertes et obligatoires soubz seaulx auttentiques des dites esglises, paroches, et hotels-Dieu que bien léalment et sollempnelement ilz feront eulz et leurs successeurs les services et offices pour lesquelx les dites rentes et deniers leurs sont lessés. Et ensemble que tout vous mandons et commettons que en toultes les villes et lieux notables des terres que tenoit et gouvernoit notre trés-cher frère en son vivant, vous faictes criéz publiquement et sollemnelement que se aucuns se veult dolloir d'aucuns forfaiz ou griefz à eux faiz par notre dit frère, que ils viennent par devant vous; sur lesquelx griefz et forfaiz nous voullons que les oyez sommièrement et de plain, ostées toultes fintes, bares et cavillations. Et de ce que vous trouverès sommèrement et de plain, en la manière que dit est, nostre dit frère estre tenu aux complaignans, faictes leur ou faictes faire sattisfaction en deniers comptans, tantost et sans delay en prenant lettre de quittance d'eulx et de ce que paié par vous leur sera pour la cause dessus dite. Et de ce faire vous donnons plain pouvoir et auctorité, par la teneur de ces présentes lettres en tant comme il nous appartient et peult appartenir.

Donné soubz notre scel le xxiiiie jour de janvier, l'an de grâce mil ccc xxxvi.

Et nous Philippe, évesque de Challons, tant en notre nom que au nom de madame Marguerite, comtesse de Bouloigne, exécuterresse avecque les aultres du dit testament, qui, quant ad ce que toulte la dite exécution, nous a commis son pouvoir; et Marie, comtesse d'Alençon et d'Estampes, compaigne jadix de mon trés cher seigneur le comte dessus dit, et Pierre des Essarz, toulx exécuteurs du dit testament, avecque notre dite dame, la royne, désirans la dite exécution estre mise affin deue, sans loncg delay, louons, approuvons et aggréons ce qui par notre dite dame la Royne est faict et ordonné des choses dessus dites. Vous commettons samblablement et donnons pouvoir de fère icelles et acomplir en la manière que dessus est dit et devisé.

Et avecque le scel de notre dite dame avons mis les nostres en ces présentes lettres, l'an et le jour dessus dits.

Et aussy avons veu le testament du dit monseigneur le comte, duquel entre les aultres choses, nous avons veu estre contenu une clause, laquelle s'ensuyt :

Item, à l'esglise de Notre-Dame de ma ville d'Estampes dix livres tournois de rente perpétuel, à prendre chacun an perpétuellement sur les rentes et revenuez de ma prévosté d'Estampes; et vueil qu'ilz soyent tenuz faire mon anniversaire sollempnelement en l'esglise, chacun an, par quatre foix, et que les dictes dix livres soient distribuéz à ceulx qui présens seront à faire mon dit anniversaire.

Par la vertu desquelles lettres de ma dite dame la Royne et des aultres exécuteurs dessus dictz, nous avons assigné à la dite esglise les dessus dites dix livres tournois de rente à prendre et percevoir, chacun an, sur les rentes et revenues de la prévosté d'Estampes, à deux termes. C'est assavoir : cent solz tournois au terme de la Toussains, et cent solz tournois au terme de l'Ascencion. Et d'icelle rente les avons mis en possession corporelle, réalment et de faict, et avons commandé au receveur présent, par la vertu des dites lettres, et par ce mesme pouvoir donnons en commandement aux recepveurs qui pour le temps seront, ou à ceulx à qui il appartiendra, que il, des émolumens de la dicte prévosté, la dicte rente paient à la dicte esglise aux termes dessus devisés, sans delay et sans aultre mandement attendre. Et la dite somme leur sera alouée en leurs comptes.

En tesmoing de ce nous avons scellé ces lettres de nos seaux.

Donné à Estampes, le dixième jour de febvrier, l'an de grâce mil ccc trente six[1].

---

1. Cette pièce appelle plusieurs observations : 1° Le copiste du Cartulaire a mis dans son titre huit livres parisis, au lieu de dix livres tournois énoncées dans le testament du comte; ces deux chiffres expriment absolument la même valeur, car la livre tournois était plus faible d'un cinquième

LXIV.

*Confirmation des précédentes lettres par la reine de France,
Jeanne, femme de Philippe de Valois et sœur du comte
d'Étampes, avec approbation de l'évêque de Châlons et de
la comtesse d'Alençon, veuve du comte Charles.*

Château-Thierry, 11 juin 1337.

Confirmatio litterarum suprascriptarum facta per dominam
reginam Francie et alios executores predicti domini Comitis.

Jehanne, par la grâce de Dieu, royne de France et de Navarre. A toulx ceulx qui ces présentes lettres verront, salut.
Sachent tuit que nous l'assignation faicte par nos amés Denis
de Charrolles, Regnault de Sargux et Robert de Charny, à ce
par nous députéz à l'esglise de Notre-Dame d'Estampes, de
dix livres de terre ou rente; laquelle rente notre trés cher frère
le comte d'Estampes, que Dieu absolle, a laissé en son testament, à la dite esglise, pour certains anniversaires faire, chacun
an, en ycelle esglise; aussy, comme il est plus plainement
contenu en unes lettres, parmy lesquelles ces présentes sont
annexées, rattifions, louons et approuvons. En tesmoing de
laquelle chose nous avons mys notre scel à ces présentes
lettres.

Donné à Chasteau-Thierry[1], le xie jour de juing, l'an de grâce
mil ccc trente et sept.

Et nous Philippe, évesque de Challons, et Marie, comtesse
d'Alençon et d'Estampes, compaigne jadix de notre trés cher

que la livre parisis. 2o Nous venons de voir que la délivrance du legs faite
par la reine de France et par l'évêque de Châlons porte la date de 1336
(1337 n. s.). Fleureau dit que le testament de Charles d'Évreux est daté
du 11 juin 1337. Il y a là une contradiction formelle entre la date donnée
par Fleureau et celle qui est mentionnée dans le Cartulaire. Mais comme
ailleurs Fleureau fait mourir ce comte le 24 août 1336, il y a certainement
erreur au sujet de la date de son testament.

1. *Château-Thierry,* chef-lieu d'arrondissement (Aisne).

seigneur le comte dessus dit, exécuteurs du dit testament avecque notre dite dame, rattifions, louons, et approvons toultes les choses dessus dictes ; avons mis nos seaulx en ces présentes lettres avecque le scel de notre dame la Royne.

LXV.

Mandement de Jean, duc de Berry et comte d'Étampes, à son receveur, pour lui ordonner de paier au chapitre de Notre-Dame les huit livres parisis qu'il devait pour la fondation des anniversaires de Charles d'Évreux.

Poissy, 31 juillet 1400.

Mandatum factum receptori Stampensi, ut solvat cappitulo de dictis VIII libris turonensium[1].

Jehan fiz de roy de France, duc de Berry et d'Auvergne, comte de Poitou, d'Estampes, de Boulongne et d'Auvergne[2]. A notre recepveur d'Estampes, qui est à présent, ou sera pour le temps advenir, salut. Nous voullons et vous mandons que chacun an vous paiez et délivrez ou faictes paier et delivrer au chantre et chappitre de Notre-Dame d'Estampes et aux chappelains fondés par nos prédécesseurs, contes d'Estampes, en la dite esglise de Notre-Dame, toult ce qu'il vous apperra par lettres ou aultres loyaux enseignemens, nous, leur estre tenuz et que nos dits prédécesseurs, contes d'Estampes, ont acoustumé à eux paier. Car par rapportant ces présentes ou vidimus dicelles soubz autentique pour une foix seullement, certification et quittance souffisante, toult ce que aurez paié pour la cause et en la manière dessus dite sera aloué en vos comptes et rabatu de votre recepte par nos améz et féaulx gens de nos

---

1. Ce libellé est inexact. D'après les pièces précédentes qui se rapportent au même sujet, il faudrait lire ici : *VIII libris parisiensium vel decem libris turonensium.*

2. Sur Jean, duc de Berry et comte de Poitiers, voir l'*Histoire littéraire du Poitou,* de Dreux-Duradier, tome I (1842), pp. 191-194.

comptes à Bourges, sans aucun contredit, non obstant ordonnances, mandemens ou deffences de ce contraires.

Donné à Pyssy¹ le pénultième jour de juillet, l'an de grâce mil cccc.

LXVI.

Concordat passé entre Guy des Noyers, archevêque de Sens, et le chapitre de Notre-Dame d'Étampes, au sujet de la vacance des cures de Notre-Dame et de Saint-Basile.

Moret, 1185.

[Publ. par D. Fleureau, p. 403².]

LXVII.

Liste des obligations qui incombent au chanoine chevecier de l'église Notre-Dame d'Étampes, à cause de son bénéfice de curé de la dite église. Reconnaissance de toutes ces obligations par messire Jean Olivier, curé et chevecier de Notre-Dame.

Étampes, 2 novembre 1439.

Littera de juribus debitis per capicerium Beate Marie ad matricularium et thesaurarium, et de diacono et aliis juribus in choro debitis per eumdem.

A tous ceulx qui ces présentes lettres verront, Jehan Leloncg, commis à la garde de la prévosté d'Estampes, salut. Comme plait et procès fust meu ou espère à mouvoir entre vénérables

---

1. *Poissy*, chef-lieu de canton, arrondissement de Versailles (Seine-et-Oise).

2. Le texte de Fleureau nomme l'archevêque de Sens *Gilo*, c'est *Guido* qu'il faut lire. — De même Fleureau donne à cette pièce la date de 1180, tandis que le Cartulaire dit expressément 1185. Nous croyons que c'est cette dernière date qui est la véritable.

et discrètes personnes les chantre et chappitre de l'esglise collégial Notre-Dame d'Estampes, d'une part; et discrette personne messire Jehan Olivier, presbtre, curé et chevecier de la dite esglise d'aultre part, sur ce que les dits chantre et ehappitre proposoient ou avoient entention de dire et proposer contre le dit curé, qui leur était tenu payer par chacun an, à cause de sa cure et chévecerie, la somme de vingt livres parisis à deux termes; c'est assavoir : à la feste de la Nativité Notre Seigneur, et sainct Jehan Baptiste par moittié.

Item qu'il est tenu chanter et cellébrer en la dite esglise troys anniversaires chacune sepmaine de l'an quant ilz luy adviennent; c'est assavoir : le lundi, le mercredi et le samedi.

Item toultes et quantes foiz qu'il y a messe sollempnelle à diacre et soubz diacre en la dite esglise ou ailleurs que le dit chappitre face, le dit curé et chevecier est tenu faire le diacre et dire l'évangile.

Item, toultes et quantes foiz qu'il y a feste de neuf leçons ou service des trespassés en la dite esglise, le curé et chevecier est tenu dire la septiesme lecçon et le septiesme verset.

Item, est tenu livrer et bailler toult l'encens qu'il fault à la dite esglise à toustes les festes de l'an, excepté aux festes de l'Assumption Notre-Dame, de Toussains, et de la Nativité Notre Seigneur, ès quelles festes les dits chantre et chappitre prennent toultes les oblations.

Item, doit et est tenu à toutes les festes de l'an donner à disner au trésorier et marglier de la dite esglise.

Item, aus festes de la Nativité Notre Seigneur et de l'Assumption Notre Dame, est tenu de chanter et cellébrer la première messe.

Item, est tenu de faire continuelle résidence en sa dite cure et ès mettez[1] d'icelle, se par privillége ou dispensation de son prélat ne luy est sur ce dispence. Et les choses dessus dites et chacune d'icelles est tenu faire et payer, et de ce est suget et justiciable des dits chantre et chappitre, et le peult contraindre et compeller ad ce par leur censure ecclésiastique toultes et

---

1. *Metæ*, limites.

quantes foix qu'il deffaudra à faire et acomplir les choses dessus dites et chacune d'icelles.

Scavoir faisons que le jourd'hui est venu par devant nous en sa personne le dit messire Jehan Olivier, curé et chevecier de la dite esglise, lequel de sa bonne vollonté, sans contrainte, bien pourveu, conseillé et advisé sur ce, si comme il disoyt, recongnut et confessa les choses dessus dites et chacune d'icelles estre vrayez et à icelles et chacune d'icelles faire et acomplir, comme dit est, estre tenu et obligé, et obligoyt par ses présentes, promettant par la foy et serment de son corps pour ce bailléz corporellement en notre main, avoir agréable et tenir ferme et estable à tousjours sans jamès contrevenir les choses dessus dites, icelles et chacune d'icelles faire et acomplir bien et deument aussy comme dit est, soubz l'obligation des biens de la dite cure qu'il en a soubzmis pour ce du toult en la juridiction de la dite prévosté d'Estampes et de toultes aultres qui seront veus et trouvez pour vendre et despendre à tel seur telle vente, et de paier toulx coustz, fretz et despens qu'ilz seront faitz et soubztenuz pour deffault de ce que dit est, non tenu et non acompli, desquelx il veult le porteur de ces lettres estre creu par son simple serment, sans aultre preuve faire, et renoncer ad ce faict exprécément le dit curé et chevecier par sa dite foy et serment à toultes choses généralement à ces lettres contraires.

Donné en tesmoing de ce, soubz notre scel, et à greigneur confirmation y a esté mis le grant scel de la dite prévosté d'Estampes par honorable homme et sage Gilles Boiceau, garde d'iceluy.

Ce fut faict et passé le lundi deuxiesme jour du moys de novembre, l'an de grâce mil cccc xxxix.

LXVIII.

Jean des Mazis, chantre de l'église Notre-Dame d'Étampes, reconnaît l'obligation de donner à dîner aux chapelains de la dite église à certains jours de fête.

[Étampes], 18 mai 1440.

Littera quomodo cantor ecclesie Beate [Marie] de Stampis
tenetur solvendi pastum ad vicarios predicte ecclesie in aliquibus diebus festivis.

A toulx ceulx qui ces présentes lettres verront, Jehan Plumet,
prévost d'Estampes, salut. Savoir faisons que par devant
Odinet Félix, clerc tabellion juré de l'escripture d'iceluy lieu,
auquel nous adjoutons plainière foy en cestuy cas et en greigneur vint et fut présent en sa personne vénérable et discrette
personne maistre Jehan des Mazis, prebtre, licencié en loys
et chantre de l'esglise collégial Notre-Dame d'Estampes, lequel
de sa bonne volonté, ad ce faire non contraint, recongnut et
confessa par devant ledit juré estre tenu et redevable par chacun an de donner à disner bien et convenablement à tous les
vicaires de ladite esglise Notre-Dame d'Estampes à tousjours
et perpétuellement pour et à cause de la chantrerie dicelle
esglise Notre-Damé, aux festes cy après déclarées. C'est assavoir : au jour et feste de Résurrection Notre Seigneur; au
jour et feste de Pentecoste; au jour et feste de Assumption
Notre-Dame, nommée miaoust; au jour et feste de la Dédicasse
d'icelle esglise Notre-Dame; au jour et feste de Toussains et
au jour et feste de la Nativité Notre Seigneur, sans auchun
préjudice des aultres droictz, en quoy ledit chantre est et peult
estre tenu à la dite esglise Notre-Dame, à cause de la chantrerie
d'icelle.

Si comme toultes ces choses et chacune d'icelle le dit chantre
de Notre-Dame d'Estampes disoyt estre vrayez, et dont il se
tint pour bien contant et agréé, sans fraude, si comme il confessa par devant le dit juré, en la main duquel il promist par la
foy de son corps, pour ce baillée corporellement en la main
du dit juré, que jamais à nul jour pour le temps advenir, contre
ceste présente promesse et accord par luy ainssy faitz en la
présence du dit juré, comme dit est, il ne yra, ne veudra aller,
ne venir fera, par luy, ne par aultres, pour raison ou cause
quelle qu'elle soyt ou puisse estre. Aincoys les aura, tiendra,
et gardera fermez et establez et agréables à tousjours sans
courompre en auchune manière. Et quant à toult ce que dessus

est dit, donner et enterigner et loyalement acomplir le dit chantre de la dite esglise Notre-Dame en a obligé et soubzmis à la juridiction de la prévosté d'Estampes et à toultes aultres les biens temporels de la dite chantrerie de la dite esglise Notre-Dame d'Estampes; renonçant en ce faict le dit chantre par sa dite foy à toulte exception de déception, fraude, malice et généralement à toultes aultres choses quelconques que l'on pourrait dire et aléguer contre la teneur de ces présentes. En tesmoing de ce, nous Gilles Boysseau, lieutenant de monsieur le baillif d'Estampes, et garde du scel de la prévosté du dit lieu, avons mis à ces lettres le dit scel à la relation du dit juré.

Donné l'an de grâce mil cccc et quarante, le mercredi dix huitiesme jour du moys de may.

LXIX.

Charte de Philippe I⁰ʳ, roi de France, qui confirme les privilèges accordés par les rois Robert et Henri I⁰ʳ au chapitre de Notre-Dame.

Étampes[1], 1082; et la 23ᵐᵉ année de son règne.

[Publ. par D. Fleureau, p. 294[2].]

---

1. Il est à remarquer que c'est une des premières et rares pièces royales, dans lesquelles on dit Étampes-les-Nouvelles : *Actum... Stampis novis.*

2. Le P. Fleureau a publié cette charte, il est vrai; mais son texte présente de notables différences avec celui de notre manuscrit. Il est important de signaler celles qui se présentent dans la dernière catégorie des témoins; elles renferment des renseignements précieux pour l'histoire, et nous les indiquons en les soulignant : « Interfuit etiam et hoc laudavit » et *concessit* tunc temporis ipsius ecclesie abbas, — Hugo *Bardulfus.* — » Albertus de *Pilveris, filius Tescelini.* — Teudo de Stampis. — Albertus » Anseli filius. — Bernodalius. — Stephanus cantor. — *Girardus* canoni- » corum prepositus. — Giraldus canonicus. — Tetbaudus de Aqua. — » Robertus de *Alveris.* — Petrus prepositus de Parisius et *ciscircam.* — » Brilanus frater ejus. — Simon canonicus. — Otbertus canonicus. — Droco » canonicus. — *Seguinus* Tropidormit filius. — Petrus Airardi filius et » Hugo frater ejus. — Airicus cocus. — et *Odardus Framerici* filius. — » Martinus canonicus. — Hilduinus canonicus. — Fulco canonicus. —

LXX.

Serment que prêtent les chapelains de Notre-Dame d'Étampes de respecter les droits de cette église et d'en garder les coutumes.

[Étampes], 19 octobre 1332.

Littera quomodo capellani et diaconus de ecclesia Beate Marie Stampensis juraverunt coram decano Christianitatis Stampensis se observare juramentum assuetum et constituta et consuetudines approbatas et observatas ab ipsis.

Omnibus tam instantibus quam futuris presentes litteras inspecturis, decanus Christianitatis Stampensis, Senonensis diocesis, salutem in Domino. Notum facimus quod coram nobis personaliter constituti Domini Jacobus Chairam, Johannes de Cousances, Nicolaus de Chemino, presbiteri, et Johannes Ferpeni, cappellani perpetui in ecclesia Beate Marie Stampensis, ac Johannes de Chesneyo in dicta ecclesia diaconus juraverunt coram nobis, et in verbo sacerdotis asserunt quoniam ipsi et quilibet aliorum cappellanorum ab antiquo et adhuc in dicta ecclesia instituti et recepti, antequam in cappelaniis ipsius ecclesie admittentur, juraverunt et jurant manu ipsorum et cujuslibet super figuram corporis Domini nostri Jesu Christi apposita, tenere, facere, et inviolabiliter observare quedam constituta seu quasdam consuetudines approbatas et observatas ab ipsis, ut dicebant, eisdem expositas a nobis et perlectas. Quas consuetudines et constitutiones in missali libro ejusdem ecclesie vidimus contineri et de verbo ad verbum fideliter prout in eodem libro continetur, transcribi fecimus, in hunc modum qui sequitur.

Hec est forma juramenti sacerdotum et clericorum beneficia-

» Godfridus sacerdos. — Albertus *Desvourio* Aurelianensis prepositus. —
» Roberti Anselli filius. — *Frogerius* Catalaunensis. — Robertus et Bernardus capellani. »

torum in ecclesia Beate Marie Stampensis. Primo debent jurare jura ecclesie seu altaris sui pro posse observare fideliter et deffendere apud omnes, consuetudines ecclesie, observare et privilegia, et pensiones debitas capitulo solvere, obedientiam et reverantiam debitam cantori et capitulo presentare. Item quod nulli revelabitis secreta ecclesie nostre quoquo modo. Item continue sequi ordines usque ad finem debitum, et residere similiter in ecclesia personaliter, et beneficio nostro deserviri et ecclesie nostre, nisi super istis tribus ultimis articulis licentiam obtinueritis a capitulo generali ecclesie supradicte.

In cujus rei testimonium sigillum nostrum presentibus duximus apponendum litteris. Datum die lune post festum beati Luce Evangeliste, anno Domini Mᵒ CCCᵒ XXXIIᵒ.

LXXI.

Lettres d'Étienne Bequart, archevêque de Sens, vidimant et confirmant le règlement fait par le chapitre de Notre-Dame d'Étampes tant pour la collation et la présentation des bénéfices appartenant à ce chapitre, que pour l'élection du chantre.

S. l., 18 juin 1300.

[Vidimus par l'official de Paris, du même jour.]

Vidimus litterarum confirmationis de ordinatione facta per capitulum Beate Marie Stampensis super collationem et presentationem beneficiorum sibi pertinentium; et quali modo, et de modo, et de tempore, et de hora presentationis; et de electione cantoris.

Universis presentes litteras inspecturis, officialis Curie parisiensis salutem in Domino. Noveritis nos anno Domini Mᵒ CCCᵒ, die sabbati ante Nativitatem Beati Johannis Baptiste, vidisse litteras infrascriptas. Universis presentes litteras inspecturis, Stephanus, miseratione divina Senonensis archiepiscopus, salutem in Domino sempiternam. Quod ex parte dilectorum in

Christo filiorum cantoris et capituli ecclesie Beate Marie de
Stampis nostre diocesis Senonensis, litteras eorum sigillo sigillatas recepimus, vidimus et legimus formam que sequitur continentes.

Universis presentes litteras inspecturis, cantor et capitulum
ecclesie Beate Marie de Stampis Senonensis diocesis, salutem
in Filio Virginis gloriose. Noverit quod nos anno Domini
M° ccc°, die sabbati, in festo Beati Barnabe Apostoli, tractantes
de negociis nostris et ecclesie nostre predicte, in nostro capitulo
generali, inter que consideravimus quod quum multe expense
et vexationes fierent a nobis inquirendo, convocando concano-
nicos nostros in multis et diversis longinquis se et remotis
partibus personalem moram trahantes, juxta consuetudinem in
prefata ecclesia nostra hactenus observatam, propter quam
lites et scandala inter nos et alibi sepius movebantur. Idcirco
nos attendentes utilitatem nostram successorumque nostrorum,
commodumque et pacem ecclesie nostre supradicte, diligenti
super hoc habita deliberatione, consideratisque predictis et
causis pluribus nos juste et rationabiliter moventibus, de consensu omnium nostrorum volumus, et in hiis scriptis ex nunc
in perpetuum duximus statuendum, tactis a nobis et singulis
sacrosanctis evangeliis, videlicet : quod quotiescumque con-
tinget de cetero vaccare beneficium seu beneficia quodcumque
seu quecumque, ad nostram communem collationem seu presentationem, tam de jure quam de consuetudine spectantia,
quoquomodo conferantur, per singulos canonicos nostros,
per spatium unius mensis perfecti, canonico cuilibet atributi,
secundum antiquitatem et posterioritatem canonicorum in prebenda; ita tamen quod incipiet et finiet dictus mensis videlicet, hora prima psalmiata in prefata ecclesia nostra, pro
ut moris est, quolibet die dominico, singulariter accedente
cujus nomine proprio canonici edomadarii, ut ita dicatur ad
beneficia conferenda post capitulum prime in ecclesia nostra
publice nuncupetur, nec non et per singulos dies dominicos
mensis ejus et termini supradicti. Ita tamen etiam quod predictus ebdomadarius teneatur presentare capitulo nostro, die
sabbati quolibet consueto, personam ydoneam et sufficientem

fama, scientia sufficienter et moribus approbatam, videlicet infra spatium unius mensis a tempore vaccationis computati; vel alia ad subsequentem ebdomadarium spectet collatio et presentatio predicti beneficii ex tunc, et sic usque ad terminum a jure statutum, per canonicos continue computando vel procedendo, super quibus conditionibus predicti canonici nostri tunc temporis capitulum facientes habebunt inquirere, et eundi presentatum per ipsos aut majorem partem eorum potestatem admittendi.

Quo admisso, juxta premissa, eumdem ad predictum beneficium tunc plenius admittendi et in possessione pacifica predicti beneficii ipsum admissum inducendi, itaque etiam conservandi, omni appellatione remota ac impedimentis quibuscumque; quod si forte tale contingat vaccare beneficium, quod et presentatione indigeat ad prelatum ipsum, ut predictum est, admissum presentabit predictum nostrum cappitulum, pro ut de jure dumfieri et consuetudine adhibitis super premissis modo, forma et sollempnitate que debent et consueverunt in talibus adhiberi.

Penes nos autem reservantes solummodo electionem cantoris nostri seu cantorie dignitatis, ad quam faciendam omnes canonicos volumus convocari, citra tamen montes in regno Francie, et non adjacentibus terris regni solummodo et non alias existentes, hoc adjecto specialiter in premissis, quod beneficia decem librarum turonensium in grossis fructibus minime valeant nullorum per aliquem alicui seu aliquibus conferatur virtute predicti statuti. Sed dum vaccaverint, reservantur eorum fructus per manum nostram donec predicta beneficia devenerint ad pretaxatam summam in grossis fructibus annuatim. Ita tamen quod deserviatur interim predicto beneficio de dictis fructibus reservatis secundum consuetudinem nostre predicte ecclesie. Ut autem presens statutum valeat in futurum, de consensu omnium nostrorum, interveniente juramento predicto, sigilli nostri munimine fecimus roborari. Datum anno et die supradictis.

Et quare ex parte ipsorum cantoris et capituli, tam per ostentionem litterarum predictarum quam per supplicationem aliquorum de canonicis dicte ecclesie fuerimus requisiti ut in predicto statuto, nostrum pro robore vellemus prebere assensum et illud auctoritate nostra ordinare, confirmare.

Nos qui ecclesiarum nostre diocesis, personarum pacem et tranquilitatem diligimus, perpendentes in premisso statuto utilitatem fore et commodum dicte ecclesie Beate Marie de Stampis nec non et cantoris et capituli predictorum in prefato statuto, quantum in nobis est, nostrum prebemus assensum ac illud nostra auctoritate ordinaria, salvo jure cujuslibet confirmamus. In cujus rei testimonium, sigillum nostrum presentibus litteris duximus apponendum.

Datum anno Domini ᴍ° ᴄᴄᴄ°, die sabbati ante Nativitatis Beati Johannis Baptiste. Transcriptum autem hujusmodi litterarum fecimus fieri sub sigillo curie Parisiensis, cujuslibet jure salvo. Datum anno et die supradictis.

LXXII.

Accord entre le chapitre de Notre-Dame d'Étampes et le chevecier de cette église au sujet des pensions et des anniversaires dus par ce dernier tant au chapitre qu'au trésorier et au pitancier.

[Étampes], juillet 1340.

Littera concordationis facte inter capitulum Beate Marie Stampensis et capicerium ejusdem ecclesie de pensione et de anniversariis debitis per eumdem ad predictum capitulum ac etiam ad thesaurarium et matricularium de pastu debitum.

Universis presentes litteras inspecturis, cantor et capitulum ecclesie Beate Marie de Stampis, Senonensis diocesis, salutem in Domino sempiternam. Noverint universi quod, anno a Nativitate Domini ᴍ° ᴄᴄᴄ° quadragesimo, indictione viiiᵃ, mensis julii, die xviiiᵃ, videlicet die martis ante festum Beate Marie Magdalene, Pontificatus sanctissimi Patris nostri ac Domini Benedicti, divina Providentia Pape, anno sexto, nos in nostro

capitulo una cum domino Guillelmo Rebelli nunc curato seu
capicerio ecclesie nostre supradicte, et tabellione publico subscripto, ac testibus infra scriptis, presens Dei et Beate Marie
Matris ejus, in cujus honore predicta ecclesia est fundata, in-
vocato auxilio, pacis stabilitatem et ipsius ecclesie nostre
transquilitatem inter nos et subditos nostros ac capicerium
antedictum; cupientes, omnimode, integraliter, perpetuo refor-
mare, a cujus pacis tramite ille malignus temptator callidus nos
dictumque capicerium per longi temporis spatium deviavit. Sed
Deus et Dominus noster Jesus Christus, qui pax est et eterna
salus, in se credentium nolens nos et ecclesiam nostram predictam a lupinis faticibus *(sic)* defraudari, dignum duxit statuendum,
ac etiam pro bono pacis et concordie ordinande; et in nomine
ejusdem Dei et Domini nostri statuimus et perpetuo ordinamus,
et ipsius capicerii causa, quod capicerie sue predicte nomine,
voluntate et assensu, ac tenore presentium teneri volumus in
perpetuum, et causentibus *(sic)* modo et forma melioribus, qui
bus melius et salubrius fieri poterit et debebit utilitate ecclesie
nostre predicte, pensata deliberatione que super hiis prehabita
diligenti.

Et primo, modica facultate tenuitateque et parvitate emolumentorum, reddituum, exitiorum et proventuum beneficii diaconatus in nostra prefata ecclesia existentium, et ad ipsum beneficium pertinentium et spectantium, consideratis et attentis per
que vite unius hominis sustentatio non valet aliquatenus minis-
trari; ut quicumque fuerit capicerius de cetero seu curatus
ecclesie supradicte, cum dicta capiceria seu cura, beneficium predicti diaconatus obtinebit in perpetuum, cum omnibus juribus
exitibus, redditibus, fructibus et emolumentibus ad id beneficium provenientibus. Et que ratione et occasione beneficii
supradicti in dicta ecclesia nostra consueverunt ab antiquo
quovis modo percipi et levari, cum omni honore dicti beneficii
habebit seu etiam obtinebit, tamen duntaxat exceptis distri-
bunionibus quotidianis que dignoscebantur, tempore retroacto,
ad id beneficium pertinere. Quod autem beneficium diaconatus
antedicti causa dicta cura seu capiceria, ut premittitur, ratione
premissorum ex nunc et in perpetuum volumus, et tenore

presentium continuiri concedimus et etiam annexari. Quum id ad nos secundum jura, privilegia, consuetudines antiquas notatas et approbatas ecclesie nostre predicte pertinere, nullo interveniente medio, dignoscatur, dictus vero capicerius ejusve successores in ecclesia nostra predicta et extra coditianis diebus officium ipsius diaconatus, per se, seu alium ydoneum de choro ipsius ecclesie, prout moris est, deserviri faciant et maxime tenebuntur adimplere.

Et est actum et etiam inter nos concordatum quod dictus capicerius, tam pro se quam successorum suorum nomine, et ejus cappellanus ad statum ex parte nostra restituentur pristinum in ecclesia prelibata, videlicet quod ipse capicerius ejusve cappellanus, ac ipsius capicerii successores, qui erunt pro tempore ex nunc et in perpetuum, omnes oblationes, obventiones et emolumenta et alia in choro provenientia ad majus altare et aliud retro percipient et habebunt cum omnibus distributionibus quotidianis, in nostra dicta ecclesia consuetis, pacifice et quiette; tamen fidei super hoc prestito juramento, ut est moris, exceptis tamen quibusdam festis sollempnibus a nobis et predecessoribus nostris ab antiquo tempore reservatis, prout est et fuit in dicta ecclesia consuetum.

Dictus vero capicerius ipsiusque successores nobis, cantori, et capitulo supradictis nostrisque successoribus cum juramenti sollempnitate de cetero tenebuntur, in licitis et honestis, reverentiam et obedientiam debitam cum honore, jura, libertates et privilegia ipsius ecclesie nostre; consuetudinesque capicerie supradicte secundum suam possibilitatem fideliter observare et residentiam facere, nisi dispensetur cum eodem. Missas vero anniversariorum, que in dicta nostra ecclesia sunt annuatim, idem capicerius ejusve successores, seu alter nomine ipsorum et pro ipsis celebrare tenebuntur, quotiescumque necessarium fuerit, seu etiam opportunum; et thus in choro et processionibus, liberare suis sumptibus et expensis; nulli vero tenebitur per suum sacramentum idem capicerius ejusve successores nostri secreta capituli revelare; sed tenebitur idem capicerius et ipsius successores tesaurario et matriculario ecclesie nostre predicte solvere et reddere comestiones assuetas ac revestaria anti-

quitus consueta. Insuper tenebitur nobis et nostris successoribus supradictis idem capicerius ejusve successores capicerii
nostre ecclesie prelibate, qui pro tempore erunt, quolibet anno
in perpetuum reddere et solvere viginti libras parisienses, pro
ut successores sui, quondam capicerii ejusdem ecclesie nostre
ab olim solvere consueverunt, pro pensione assignata anti-
quitus, de fundatione prebendarum ipsius ecclesie nostre
approbata, jurata, consueta, legitime prescripta et a tanto
tempore observata, de quo memoria hominum in contrarium
non existit, ad quatuor terminos inferius annotatos, videlicet :
centum solidos parisienses ad quolibet festum Assumptionis
Beate Marie Virginis; ad festum omnium Sanctorum, centum
solidos parisienses; ad festum Nativitatis Domini, centum
solidos parisienses; et ad festum Resurrectionis dominice,
centum solidos parisienses. Non obstante quod capicerius
ejusve successores tenuitatem seu diminutionem beneficiorum
predictorum diaconatus et capicerie possint aut valleant in
posterum allegare. Nos vero et ipse capicerius qui supra
nomine, voluimus et concordavimus et adhuc concordamus
quod de expensis factis in lite, que inter nos et ipsum capicerium orta extitit seu mota, Matheus dictus Grence, magister
fabrice ecclesie nostre predicte et burgensis de Stampis, ac de
omnibus aliis actionibus quibuscumque inter nos et ipsum
capicerium ratione qua supra exortis, ordinet et disponat pro
ut sibi melius visum fuerit expedire secundum quam in quodam compromisso super hoc confecto plenius continetur.

Promisimus etiam et adhuc promittimus tenore presentium
nos et ipse capicerius, tam suo quam successorum suorum
nomine, vocari subscripto stipulanti vite et nomine quorum
interest et interesse poterit in futurum et sub fidei prestito
juramento premissa omnia et singula, pro ut superius sunt
expressa per nos et successores nostros ac per ipsum capicerium ejusve successores in perpetuum teneri et inviolabiliter
observari; renunciantes nos, ipse capicerius, nominibus quibus
supra, omnibus exepcionibus, barris, cavilationibus, ac omnibus aliis generaliter quibuscumque, per quos deffectus presentium posse aliqualiter impediri vel differri. Nos et ipse

capicerius, nominibus quibus supra, quantum ad hoc curie Senonensis, supponentes, tenore presentium Reverendo in Christo Patri ac Domino domino Senonensi divina miseratione archiepiscopo, humiliter supplicantes ac devote, ut ipse intuitu pietatis pro bono pacis et concordie supradictorum premissa omnia et singula, sua dignetur benignitate laudare, approbare, ratifficare ac etiam per decretum sive suas litteras hiis presentibus annexandas, sigillique sui munimine roborandas laudabiliter juxta nomines confirmare. In quorum omnium testimonium et munimine ad evidentiam pleniorem presentes litteras sigilli nostri fecimus appensione communiri una cum signo et subscriptione Dionisi Gloteti, clerici publici imperiali auctoritate notarii, qui una cum testibus infra scriptis presens interfuit omnibus et singulis supradictis.

Datum et actum in capitulo nostro supradicto post exitum magne misse ecclesie nostre supradicte, anno, mense, die, indictione, et pontificatu quibus supra. Presentibus domino Martino Garnerii, beneficiato in ecclesia nostra supradicta; domino Hemonte, capellano predicti domini Guillelmi[1] cappicerii, presbyteris; Johanne Renardi; Raymondo Rebelli, clericis; Johanne Morelli; Stephano Scamviator; Nolleto de Blecellis; et Johanne de Constantiis, ac pluribus aliis testibus ad premissa vocatis specialiter et rogatis.

Et ego Dionisius Gloteti de Quieriis in Bria[2], clericus parisiensis diocesis, publicus auctoritate imperiali notarius, quia premissis omnibus et singulis supradictis dum agerentur, et inter predictos venerabiles viros et discretos cantorem et capitulum Beate Marie de Stampis antedictis ex una parte, et capicerius supradictus ex altera, in dicto capitulo concordarentur una cum testibus supradictis, presens interfui, presens publicum instrumentum inde confectum manu propria scripsi et in hanc publicam formam reddegi, meoque sigillo solito signavi, rogatus in testimonium premissorum.

---

1. *Guillelmus Rebelli*, nommé au commencement de la charte.
2. *Quiers*, canton Mormant, arrondissement Melun (Seine-et-Marne).

LXXIII.

*Accord fait par Guillaume de Melun, archevêque de Sens,
au sujet du litige pendant entre son prédécesseur, Philippe
de Marigny, et le chapitre de Notre-Dame d'Étampes,
touchant la procuration¹ et la visite de cette église.*

Paris, octobre 1317.

[Vidimus par l'official de Paris, du 6 juillet 1318.]

Vidimus litterarum concordationis inter dominum archiepiscopum Senonensem et capitulum Beate Marie Stampensis
super procurationem et visitationem ejusdem ecclesie.

Universis presentes litteras inspecturis, officialis curie parisiensis, salutem in Domino. Notum facimus quod nos, anno
Domini Mº CCCº decimo octavo, die jovis post estivale festum
Beati Martini, vidimus quasdam litteras infra scriptas, vero
sigillo Reverendi in Christo Patris ac Domini domini Guillelmi
miseratione divina archiepiscopi Senonensis sigillatas, ut prima
facie apparebat formam, de verbo ad verbum que sequitur
continentes.

« Universis presentes litteras inspecturis, Guillelmus misera-
» tione divina archiepiscopus Senonensis, salutem in Domino.
» Quum inter bone memorie Philippum² quondam archiepis-
» copum Senonensem, predecessorem nostrum, ex una parte ;
» et dilectos filios cantorem et capitulum Beate Marie de
» Stampis ex alia, orta esset materia questionis, pro eo quod
» idem predecessor noster, tam de jure communi quam de usu
» aliorum predecessorum nostrorum, ad se pro jure Senonensis
» ecclesie, jus visitandi ecclesiam ipsam de Stampis, errata

---

1. On donnait ce nom au repas que le chapitre devait à l'archevêque
lorsqu'il faisait la visite d'une église.

2. Philippe de Marigny, archevêque de Sens de 1309 à 1316

» corrigendi, tam in personas singulares ipsius ecclesie quam
» in ipsum collegium; nec non ratione ipsius visitationis pro-
» curationem integram percipiendi, sicut in aliis non exemptis
» ecclesiis diocesis Senonensis, assereret pertinere; dictis
» cantore et capitulo exemptionem in predictis, asserentibus
» dicentibusque se non teneri archiepiscopo Senonensi nisi in
» uno pastu in suo novo vel jocundo adventu; propter quod
» idem predecessor noster aliquos processus contra ipsos fe-
» cerat, nonnullas etiam sententias tulerat in eosdem, a quibus
» iidem asserebant se ad sedem apostolicam appellasse; tamen
» voluerunt et consenserunt, prout per eorum litteras potest
» plenius apparere, de consensu et voluntate illustris principis
» domini Ludovici, regis Francorum filii, comitis Ebroicencis
» et Stampensis, ad quem ratione dicti comitatus Stampensis jus
» patronatus et collatio prebendarum ipsius ecclesie noscitur
» pertinere, quod nos de predictis videlicet tam de jure Seno-
» nensis ecclesie quam suo in hac parte de plano pro ut nobis
» expedire videretur, informatione recepta; amotis prius per
» nos sententiis supradictis, pronuntiaremus, declararemus et
» ordinaremus de controversia prelibata, pro ut nobis equum
» videretur et consonum rationi; promittentes de bona fide
» quod per nos de predictis ordinatum existeret inviolabiliter
» perpetuo servaturos.

» Nos itaque auditis et diligenter examinatis omnibus que
» pro parte ipsorum fuerunt proposita coram nobis, nec non
» et juribus Senonensis ecclesie et usu predecessorum nos-
» trorum facultatibusque ipsius Stampensis ecclesie; juris
» rigorem mansuetudine temperantes, maxime ad preces prefati
» Principis, qui ad ecclesiam ipsam et ejus salubre regimen
» singulari zelo devotionis afficitur, de premissis sic duximus
» ordinandum, declarandum, statuendum ac deffiniendum,
» videlicet quod prefata Stampensis ecclesia et persone ipsius,
» quod ad jus visitationis et correctionis subdite sunt et erunt
» archiepiscopo Senonensi sicut alie persone ecclesiastice et
» ecclesie Senonensis diocesis, nulla penitus exemptione gau-
» dentes. De procuratione autem taliter providemus quod
» predicta Stampensis ecclesia archiepiscopo Senonensi, in

» sua novitate seu jocundo adventu, primitus ipsam ecclesiam
» visitandi integram procurationem exsolvet. Pro visitationibus
» vero annorum sequentium centum solidos parvorum turo-
» nensium procurationis causa tantummodo solvere tenebun-
» tur. In ceteris autem omnibus sicut alie ecclesie collegiate
» Senonensis diocesis non exempte per Senonensem archie-
» piscopum, qui pro tempore fuerit, per omnia tractabuntur.

» Hanc autem ordinationem, diffinitionem seu declarationem
» dummodo dilectorum filiorum decani et capituli Senonensis
» consensus accesserit; per nos et successores nostros ratam
» haberi et inviolabiliter observari volumus in futurum, quan-
» diu dicti cantor et capitulum quiete et pacifice obedient in
» predictis. Sin autem, perverso ducti consilio, in alicujus
» rebellionis superbiam adversus Senonensem archiepiscopum,
» se quoad premissa in futurum erigerent, ipsos sicut et
» alios quoad visitationem et procurationem integram eximere
» decrevimus abstringendos. In cujus rei testimonium sigilli
» nostri presentes litteras fecimus appensione muniri. Datum
» et actum Parisiis viii^a die mensis octobris. Anno Domini
» m° trecentesimo decimo septimo. »

Transcriptum autem hujus monumenti litterarum fieri fecimus
sub sigillo curie parisiensis; cujuslibet jure salvo. Datum anno
et die jovis predictis.

LXXIV.

Littera procurationis et visitationis Domini archiepiscopi
Senonensis super capitulum ecclesie Beate Marie Stampensis,
et sententia lata¹.

LXXV.

*Confirmation de l'accord susdit par les doyen et chapitre de
Sens, dont le visa avait été réservé par l'archevêque.*

[Sens], 22 décembre 1317.

---

1. Cette pièce n'est autre chose que l'accord publié intégralement en
vidimus sous le numéro précédent. Inutile donc de la réimprimer.

Confirmatio facta per decanum et capitulum Senonenses super procurationem et visitationem Domini archiepiscopi.

Universis presentes litteras inspecturis, decanus et capitulum ecclesie Senonensis, salutem in Domino. Notum facimus nos vidisse, tenuisse et legisse litteras Reverendi in Christo Patris ac Domini domini Guillelmi, Dei gratia Senonensis archiepiscopi, non cancellatas, non abolitas, nec in aliqua sui parte viciatas, sed vero sigillo suo sigillatas formam que sequitur continentes.

Universis presentes litteras inspecturis. Guillelmus miseratione divina[1]. . . . .

. . . .

Nos autem predicti decanus et capitulum omnia et singula que in dictis litteris continentur, volumus, ratifficamus, appro· bamus et quantum in nobis est confirmamus, eisque omnibus et singulis assensum nostrum impertimus presentibus litteris, in signum et testimonium predictorum sigillum nostrum apponᵢ facientes. Datum et actum in nostro capitulo generali, die jovis ante festum Nativitatis Domini, anno ejusdem mᵒ trecentesimo decimo septimo.

LXXVI.

Permission donnée par le chapitre de Notre-Dame d'Étampes au chevecier de cette église de célébrer l'office paroissial dans le chœur des chanoines, à certains jours de fête, et après qu'il en aura fait la demande.

Étampes, juin 1440.

Licentia data capicerio seu curato Beate Marie Stampensis per capitulum predicte ecclesie ut possit celebrare in choro in aliquibus festivitatibus diebus et ad sui requisitam.

Singulis presentes litteras inspecturis, nos Johannes Olivier,

1. Même avertissement que ci-dessus.

presbiter curatus seu capicerius ecclesie collegiate Beate Marie de Stampis, Senonensis diocesis, salutem in Domino. Quum ceteris temporibus elapsis huc usque altare in quo nos et predecessores nostri capicerii dicte ecclesie consuevimus cellebrare divinum servitium, necnon commoda seu pertinentia nostre cure sit situatum juxta locum in quo est principalis ymago gloriose Virginis Marie predicte ecclesie. Qui locus principaliter et hiis temporibus tam grande est impeditus, ut parochiani cure nostre prefate nequirent commode seu ali alio modo specialiter tamen diebus dominicis et illis quibus decet singulos Dei cultores et sancte Matris ecclesie filios egregie unicam missam nostram pacifice et cum devocione audire, seu corpus Christi recipere, et alia quam plurima valde necessaria adimplere; obtantibus guerris christianissimum regnum Francie deflorentibus, quibus pater alpha[1] et omnium que earum fuit principium, permissione sit finis factione. Et quia summe est necessarium tum primo propter salutem et devotionem populi ipsius ecclesie, tum secundo ut magis cum devotione et sollempnitate cellebretur divinum servitium, gratiose supplicavimus et postulavimus promissionem super hoc dominis nostris cantori et aliis sedentibus pro capitulo in dicta ecclesia, quatenus visis occupationibus seu impedimentis ex una parte, et necessitatibus seu congruentiis ex altera, nobis aliquantulum, hiis vigentibus guerris, concedere dignarentur, locum seu altare in suo choro, ubi ad honorem Dei et devotionem populi, ea que cure nostre sunt necessaria adimplere. Huic supplicationi tanquam juste, benigne acquieverunt tali pacto, ut hora debita possimus cellebrare et omnia alia cure nostre necessaria adimplere in locis, diebus et festis nunc declarandum, videlicet : ad magnum altare chori in festis sequentibus, scilicet : in quatuor solemnitatibus Christi Nativitatis, Circumcisionis, Apparitionis et Resurrectionis; in quatuor solemnitatibus gloriose Virginis Marie; in Nativitate Beati Johannis Baptiste; in dedicatione ecclesie; in festo Omnium Sanctorum; Beati Stephani

---

1. Ce qui signifie : *Dieu qui est l'origine et le principe de tout ce qui est.*

tempore Nativitatis Christi; die martis instantis post Pasca[1]; in festo Ascencionis; in festo Pentecostis; in festo Sancti Sacramenti; in sollempnitate sanctorum corporum Cantii, Cantiani et Cancianille; Beate Anne et sororum gloriose Virginis Marie[2], et in sponsalibus. Isto adito specialiter quam eis promisimus et promittimus per presentes, quod in futurum hec gratia presens non verteretur quovismodo in detrimentum seu prejudicium suarum libertatum, jurium, possessionum et franchisiarum. Sed quotienscumque fuerit eis libitum, instantes et sine mora poterunt revocare eam gratiam et annullare. De quarum rerum promissione fide nostra media petierunt a nobis litteras patentes sigillatas sigillo cure nostre predicte, nec non signeto nostro manuali signum, servitium ipsum si opus sit temporibus futuris. Quibus de causis, nos sigillavimus has presentes sigillo cure nostre predicte et signavimus nostro signeto manuali. Datum secunda die mensis junii, anno Domini M[o] quadringentesimo quadragesimo.

LXXVII.

Acte pris par le chapitre de Notre-Dame contre l'archevêque de Sens (Tristan de Salazar) pour maintenir son droit de célébration et d'offrande, le 25 juillet, dans la chapelle de Saint-Jacques de Bédégon.

[Étampes], 25 juillet 1484.

Instrumentum pro capitulo Beate Marie Stampensis contra archiepiscopum Senonensem pro cellebratione et servitio in cappella Beati Jacobi de Bedegon in die predicti festivitatis apostoli.

---

1. Le mardi de Pâques, à cause de la fête des Corps saints, très solennelle de tout temps à Notre-Dame d'Étampes.
2. Cette fête, tombée en désuétude dans toute l'église catholique, portait le nom de fête des *Trois-Maries,* et ne fut en usage que dans quelques églises.

A tous ceulx là qui ces présentes lettres verront, Jehan Laurens[1], escuier, prévost d'Estampes, salut; scavoir faisons que l'an de grâce mil quatre cens quatre vingts et quatre, le vint-cinquiesme jour de juillet, en la présence de Oudin [de] Monnerville, clerc tabellion juré de la ville et comté d'Estampes, et de honorable homme et sage Pierre de Gilles, procureur fiscal de Monseigneur le comte d'Estampes, et de nobles hommes Loys Prunelle, et Estienne Bonnet, et Jehan de Beaumont, escuiers; André Duverger[2], Ambroise Serveau, sergens de la comté d'Estampes; Collin Dalier, Symon Banouart[3], Anthoine Mart, Martin Tourneville, Robin Saudronet, Jehan Banoart, Jehan Martin, Georget Laurens et plusieurs aultres tesmoings pour ce présens et appelléz : Venérables et discretres personnes, maistres Symon Baudequin[4], presbtre, chantre de l'esglise Notre-Dame d'Estampes, et Nicole Boytel aussy prebtre chanoine dicelle esglise se sont transportés au lieu de la chappelle de sainct Jacques, près le cymetière hors de la ville d'Estampes, estoyent délibérés venir à la dite chappelle pour y chanter les vespres de la vigille sainct Jacques jourdhui, comme leur appartient, ainssy qu'ilz disoient; ce qu'ilz ne peurent faire, obstant certaines deffences sur pène d'excommuniement faictes par messire Loys Boysquemin, doyen de la chrétienté d'Estampes, à eulx faictes, pour Monseigneur l'arcevesque de Sens. Duquel lieu le dit jourdhuy, en la présence d'icelluy tabellion, ont pour iceulx chantre et Boystel esté prins et receues les offertes et oblations, tant chandelles que deniers, le dit jourdhuy offers à l'uys de la dite chapelle; obstant que le dit huys estoit cloz et fermé; disans et déclarans par eulx pour le chappitre de la dite esglise, que se en la dite chappelle ilz pouvoient y entrer, vollentiers feroient et pareillement eussent faict le dit jour d'hyer, le dit service,

---

1. J. Laurens était seigneur du *Fresne* et de *Pierre-Broux*.
2. Duverger, famille existant encore à Étampes.
3. Banouart, famille qui a encore des représentants à Étampes.
4. Voir la note que Fleureau consacre à ce Symon Baudequin dans sa liste des chantres de Notre-Dame, page 352.

comme ilz dient leur appartenir, faire. Dont et desquelles choses et chacunes d'icelles les dits Baudequin chantre et Boystel chanoine, pour lesdits de chappitre requirent et demandèrent lettre au dit tabellion avoir, qui leur ottroyast ces présentes pour leur valloir et servir en temps et en lieu, ce que de raison. Et lesquelles, en tesmoing de ce, nous Ferry Aleaume, garde du scel de la dite prévosté, avons mis le dit scel à la relation du dit juré. Donné l'an et jour dessus premiers ditz.

LXXVIII.

Vente faite par Guillaume de Bolinville de IX livres moins II solz parisis de cens et droitures, assises au terroir de Champigny, à Étampes-les-Vieilles et ailleurs, moyennant la somme de 240 livres parisis, provenant des revenus des fondations faites à l'église Notre-Dame.

[Étampes], février 1245.

Littera venditionis facta per *Henricum de Bouvilla*[1] de novem libris parisiensibus tam in censu quam in aliis droicturis situatis in Stampis veteribus et in terra Champiniacy[2], in cordubernaria Stamparum et alibi.

Omnibus presentes litteras inspecturis, Stephanus, decanus christianitatis Stampensis, salutem in Domino. Noverint uni-

---

1. Il est à noter que ce titre latin composé par l'auteur du Cartulaire contient trois erreurs. — 1o Le chevalier qu'il nomme de *Bouvilla* (Bouville) n'est pas appelé une seule fois de ce nom dans le document : il est nommé une fois Bolinvilla, et toutes les autres fois Bolunvilla. L'auteur du Cartulaire aurait-il par hasard eu la certitude que notre Bouville s'exprimait, en 1245, par Bolinvilla ou Bolunvilla? J'en doute. — 2o Ce ne fut pas *Henri* qui fit cette vente, mais bien *Guillaume*, fils d'Henri, comme il est facile de s'en convaincre en lisant la pièce aux premières lignes et aux dernières. — 3o Il ne s'agit pas de IX livres exactement, mais bien de IX livres moins deux solz.

2. *Champigny*, ancienne paroisse réunie à la commune de Morigny, canton d'Étampes.

versi quod in nostra presentia constitutus Guillelmus, filius
Henrici de Bolinvilla (Bouvilla) militis, recognovit se vendidisse
cantori et capitulo Beate Marie Stampensis, pro ducentis et
quadraginta libris parisiensibus sibi persolutis, de denariis
anniversariorum dicte ecclesie, novem libras annui redditus
duobus solidis minus, tam census quam droicturarum quam
roagii, sitas apud Stampas veteres, apud Campiniacum et in
cordubernaria Stampensi, fiducians in manu nostra quod
dictas res venditas, dictis cantori et capitulo contra omnes
quotienscumque opus fuerit, garantizabit et quod in dictis
rebus venditis, jure proprietatis Domini et quolibet jure
alio, per se vel per alium, nihil de cetero reclamabit. Hanc
autem venditionem voluerunt, laudaverunt et concesserunt
Ferricus de Tretenvilla[1] miles, dominus censive, et Ansellus
de Fravilla[2] miles, dominus feodi dicte censive, fiduciantes in
manu nostra, quod in dictis rebus venditis nihil de cetero reclamabunt. Sed dictas res venditas contra omnes qui reclamabunt, aliquod in dictis rebus venditis, ratione dominii, feodi,
hereditatis, dotis seu aliquo jure alio usque ad Dominum
regem garantirabunt fide ab eisdem in manu nostra prestita
corporali. Margarita vero uxor dicti Guillelmi de Bolunvilla,
Eremburgis uxor Ferrici de Tretenvilla, militis, domini dicte
censive, et Richardis uxor Anselli de Fravilla, militis, domini
feodi dicte censive istam venditionem voluerunt, laudaverunt et
concesserunt spontanee, non coacte, fiduciantes in manu nostra
quod contra dictam venditionem de cetero non venient, nec in
dictis rebus venditis, ratione dotis, vel aliquo jure alio, aliquid
de cetero reclamabunt. Hujus autem venditionis tenende, fideliter observande et quotienscumque opus fuerit dictis cantori
et capitulo contra omnes garantizande, Ferricus de Tretenvilla,
Ansellus de Fravilla, Henricus de Bolunvilla, Guillelmus de
Fravilla, Jaquelinus de Baudrevillari[3], Petrus de Rosiguno et

---

1. *Tretinville,* hameau de Guigneville, canton de Pithiviers (Loiret).
2. *Fraville,* hameau de Chaintreaux, canton de Châteaulandon (Seine-
et-Marne).
3. *Beaudreville,* hameau d'Erceville, canton d'Outarville (Loiret).

Philippus de la Barte, milites; Guillelmus de Bardiers, Philippus de Bardiers, Guillelmus de Bolunvilla, Guinardus de Blazetor, et Stephanus filius dicti Ferrici de Tretenvilla, domicelli, erga dictos cantorem et capitulum, se per fidem suam plegios obligarunt in hunc modum : Quod si aliquis vel aliqua in dictis rebus venditis, jure dominii, proprietatis, dotis, vel quolibet jure alio, aliquid reclamaverit, dicti plegii ad petitionem cantoris et capituli predictorum apud Stampas, corporalem tenebunt pensionem, donec dicti cantor et capitulum in pacifica possessione rerum venditarum remaneant, et dampna et depredita modo habita eisdem cantori et capitulo fuerint plenaria resarcita. Et quantum ad hec Guillelmus filius Henrici de Bolunvilla principalis venditor et uxor ejus, Ferricus de Tretenvilla et uxor ejus, Ancellus de Fravilla et uxor ejus, supradicti et predicti plegii juridictioni nostre, ubicumque se transferant, se supposuerunt. In cujus rei memoriam presentes litteras sigilli nostri munimine fecimus sigillari. Datum anno Domini Mº CCº quadragesimo quarto, mense februarii.

LXXIX.

Clause du testament fait par Régnauld Lebrun, au mois de septembre 1311, en faveur de l'église de Notre-Dame d'Étampes. Le testateur lègue plusieurs cens, assis en divers lieux, notamment sur des vignes à Hazèle, à la charge de faire acquitter cinq messes chaque semaine à une chapelle qu'il fonde dans l'église Notre-Dame et à laquelle il attache un chapelain.

[Étampes], 8 novembre 1317.

Clausula testamenti deffuncti Reginaldi Lebrun de censu dato per ipsum ad capitulum Beate Marie Stampensis.

Clausula ista continetur in testamento defuncti Reginaldi Bruni sub sigillo decani christianitatis Stampensis transcripta in hec verba. Ceterum idem testator legaverit certas summas pecunie annui et perpetui census infra scriptas ad opus et fundationem unius perpetue cappellanie in ecclesia Beate Marie Stampensis instituende modo quo inferius. Expressum est fundende videlicet : Septuaginta et octo solides censuales, quos habet super vineis de Hazele amortizatos. Quinque solidos et tres denarios censuales super quinque quarteriis vinee in eodem loco de Hazele, que ipsemet possidet et debetur hujus census annuatim in festo Sancti Remigii et sunt amortizati. Item quinque solidos parisienses [in] vinea dicta Monache amortizatos. Item octo solidos super vinea sua de Spina rotonda amortizatos. Item quinquaginta et novem solidos et octo denarios censuales amortizatos super terris, vineis et rebus aliis apud Bedegon existentibus. Item sexdecim solidos super vinea de campo Teobaldi[1] censuales amortizatos. Item quatuor decim solidos censuales amortizatos super domo Richardi la Touffe et ejus uxoris, et debetur hujusmodi census secundus annuatim in festo sancti Dyonisii. Ad cujusmodi cappellaniam perpetuam instituetur capellanus in prefata ecclesia perpetuus, ad ipsam deserviens missam cellebrandro per singulas ebdomadas per quinque dies. Quem cappellanum ibidem instituere tenebitur uxor ejusdem testatoris statim post biennium a tempore mortis ejusdem. Percipiet autem dictus cappellanus redditus predictos per manum predicte uxoris sue quandiu ipsa vivet; et postea per manum provisorum fabrice ecclesie Beate Marie Stampensis predicte, videlicet : pro qualibet missa quam cellebrabit de predictis quinque missis per ebdomadam, sex denarios parisienses, et qualibet die pro matutinis duos denarios.

Predicta quidem uxor ipsius testatoris quo ad vixerit, et post ejus mortem, predicti provisores, nomine fabrice ecclesie Beate Marie Stampensis omnia emolumenta, venta, saisinas, emendas, laudas, et omnia commoda et dominium atque justitiam habebunt. Itaque nihil aliud quin pretaxatas summas

---

1. Les écarts nommés *Hazèle*, le *Champ-Thibault*, etc... sont assez voisins d'Étampes, mais ne se retrouvent déjà plus dans les terriers du xviie siècle.

censuales, cappellanus habebit. Dicta autem uxor hec omnia,
nomine suo habebit, et post modum provisores, nomine
fabrice, ut premissum est. Omni enim die qua capellanus in
predictis officiis, sive in missa cellebranda deffecerit, sive ad
matutinas non interfuerit, debita sibi solutio, videlicet pro
unaquaque missa sex denarii et pro matutinis duo denarii ad
opus fabrice predicte aplicabitur, sive tempore quo vivet dicta
uxor, sive tempore subsequenti. Sed si contingat dictam
uxorem vel post modum provisores predictos, cappellanum
predictum super suis redditibus et salutionibus, modis quibus
supra sibi faciendis molestare, satisfacere, sibi nolle vel aliquo
defraudare velle, aut gravare justitiam, dominium, commoda et
emolumenta predicta, redditum predictarum amittant, ad predictum cappellanum pleno jure perpetuo devolvenda. Et idem
sic, si provisores onus distribuendi redditus predictos modis
quibus supradictis capellano subire recusent. Acta sunt hec,
vocata et presente, consentiente et ratum habente dicta uxore
dicti testatoris. Data vero dicti testatoris sic est. Datum anno
Domini ᴍᵒ ᴄᴄᴄᵒ xɪᵒ, die dominica post festum Beati Mathei apostoli. Collatio hujusmodi scriba¹ per Johannem Curci, locum
tenentem decani christianitatis Stampensis, anno Domini ᴍᵒ ᴄᴄᴄᵒ·
decimo septimo, die martis ante hiemale festum Beati Martini.
Nos quoque decanus Stampensis dictum testamentum vidimus,
palpavimus, et legimus clausulam hujusmodi in hiis scriptis
duximus, salvo jure cujuslibet, redigendam, anno et die ultimo
dictis.

LXXX.

*Vente faite par le chapitre de Notre-Dame d'une masure et
de plusieurs terres situées à Guibeville, moyennant xɪɪ sous
parisis de rente annuelle, que l'acquéreur, nommé Macy
Leboulier, devra payer chaque année audit chapitre.*

[Étampes], 8 octobre 1401.

Littera de duodecim solidis parisiensibus annui redditus in

---

1. C'est *scripta* qu'il fallait dire.

villa de Guibevilla[1] juxta Montemhericum[2] super quamdam domum et terrarum partem.

A tous ceux qui ces présentes lettres verront, Jehan Belot[3], prévost d'Estampes, salut. Saichent tuit que, devant Jehan Apondry, clerc tabellion juré de l'escripture d'icelluy lieu auquel nous adjouttons plainière foy en cestuy cas et en greigneur, vint et fut présent en sa propre personne Macy Leboulier[4], demourant à Guibeville en la chastellenie de Montlehery, si comme il disoyt; lequel de son bon gré et bonne, franche, et libérale vollenté, sans force, contrainte ne induction aucune, recongnut et confessa par devant le dit juré avoir prins à rente annuelle et perpétuelle à tousjours mès, perpétuellement et héréditablement pour luy, pour ses hoirs et pour ceulx qui auront cause de luy, au temps advenir, de vénérables et discrètes personnes les chantre et chappitre de l'esglise collégial Notre-Dame d'Estampes, les héritages qui ensuivent. C'est assavoir une masure avec environ demy arpent de terre devant[5] icelle masure tout entretenant, avecque ses appartenances, ainsy comme le toult se poursuyt et comporte, séant au dit lieu de Guibeville, tenant d'une part au dit preneur, et d'aultre part à Jehannot Burgevin. Item demi arpent de terre labourable séant au dit lieu, au lieu dit entre deux rues, tenant d'une part au dit Jehannot Burgevin, et d'aultre part aux religieuses du Lis[6]. Item une aultre pièce de terre contenant environ quartier et demy séant au dit lieu, tenant d'une part à Thévenin Leboulier et d'aultre part aux dites religieuses du Lis. Item cinq quartiers de terre ou environ séans au dit lieu, tenant

1. *Guibeville*, canton d'Arpajon, arr[t] de Corbeil (Seine-et-Oise).
2. *Montlhéry*, canton d'Arpajon, arr[t] de Corbeil (Seine-et-Oise).
3. Ce prévôt ne se trouve pas dans la liste de la *Rapsodie* publiée par M. L. Marquis *(Les Rues d'Étampes*, p. 425).
4. On le nommera *Boulier* dans la pièce suivante.
5. Dans la pièce suivante, on dira que la terre se trouvait derrière la maison.
6. Notre-Dame du Lis était une communauté de religieuses près Melun (Seine-et-Marne).

d'une part aux héritiers feux Clément Marchant, et d'aultre part
à Symon Regnault. Tous iceulx heritages mouvans du propre
héritage amorti de la dite esglise, si comme iceulx bailleurs
disoyent, à joyr et posséder par le dit preneur, ses hoirs et
ayans cause pour le temps advenir, d'iceulx heritages et possessions faire d'iceulx les fruictz, proffitz, revenus et émolumens siens et à son singulier profit. C'est assavoir ceste prinse
et arrentement faiz pour et parmy le pris et somme de douze
solz parisis de rente annuelle et perpétuelle, que le dit preneur,
ses hoirs et ayans cause pour le temps advenir, en seront
doresnavant tenus de rendre et paier par chacun an perpétuellement et à tousjours aus dits chantre et chappitre, ou au
porteur de ces lettres pour eulx, au terme et feste de Sainct
Martin d'iver, dont le premier terme et paiement sera et commancera à la Sainct Martin d'iver prochaine venant, et ainsy
d'an en an, au dit terme à tousjours mès, perpétuellement, si
comme le dit preneur disoyt, et dont il se tint pour bien
comptant et agréé sans fraude, si comme il le confessa par
devant le dit juré. Et pour ce promist le dit preneur par la foy
et serment de son corps pour ce baillée corporellement en la
main du dit juré, et jura aux sainctes Évangiles de Dieu, que
jamais, à nul jour, pour le temps advenir, contre ceste présente prinse et arrantemant, par luy ainssy faitz comme dit est,
il ne yra aller, ne venir fera, par luy ne par aultres par quelle-
conques manière ou voye que ce soyt ou puisse estre. Ancoys
icelle aura, tiendra et gardera ferme et estable et agréable à
tousjours mès, sans corrompre en auchune manière. Et icelle
somme de douze solz parisis de rente annuelle et perpétuelle
pour la cause dessus dite, rendra et paiera chacun an au dit
terme de Sainct Martin à tousjours mais, comme dit est, sur
pène d'amende, de gaigement passé aus dits chantre et chappitre ou au porteur de ces lettres pour eulx. Et avecque ce
rendra et paiera tous coustz, mises, dommagez, intérestz et
despens, que par deffault de paiement et d'entretenir les choses
dessus dites pourroient estre faitz, souffers et soubtenuz, desquelx il veult le porteur de ces lettres estre creu par son
simple serment sans aultre preuve faire. Et quant à toult ce

que dessus est dit, fermement et loyalement tenir, paier, entretenir et acomplir, le dit preneur en a obligé et sobzmitz à la
juridition de la prévosté d'Estampes et à toultes aultres luy et
ses biens, ses hoirs, et les biens de ses hoirs, meubles et immeubles, présens et advenir, ou qu'ilz soyent veuz et trouvéz,
à vendre et à despendre à tel feur, telle vente : renonçant en
ce fait le dit preneur par sa dite foy et serment à toultes aides
de droict escript et non escript, à toute excepcion de déception, et à toultes autres choses quelconques que tant de faict
comme de droict canon et civil, de loy et de coustumes ou
aultrement pourroient estre ditez ou aléguées contre la teneur
de ces présentes lettres.

En tesmoing de ce, nous Jehan Boucher, garde du scel de la
dite prévosté, avons mis à ses lettres le dit scel, à la relacion
du dit juré. Donné l'an de grâce mil quatre cens et ung, le
samedy viiie jour du moys d'octobre.

LXXXI.

*Vente des héritages ci-dessus désignés, faite par le même
chapitre à Étienne Gaultier, de Marolles en Hurepoix. —
Modifications apportées aux conditions de la vente précédente.*
[Étampes], 19 août 1478.

Alia littera de predicto hereditagio de capitulo facta per
Stephanum Gaultier a predicto capitulo.

A tous ceulx qui ces présentes lettres verront, Pierre Prunelle[1], prévost d'Estampes soubz la main du Roy nostre sire,
salut : Savoir faisons que par devant Oudinet Lemort, clerc
substitut juré et commis pour et en l'absence de Hervy de la
Coste, tabellion d'iceluy lieu, vint et fut présent en sa personne

---

1. Prévôt d'Étampes qui ne se trouve pas non plus dans la liste publiée
dans le livre de M. L. Marquis.

Estienne Gaultier, laboureur demourant à Maroles' près Guibeville en la chastellenie de Montlehery, si comme il disoit;
lequel de sa bonne volonté sans aucune contrainte recongnut
et confessa avoir prins, accepté et retenu à touzjours pour luy
et ceulx qui de luy auront cause, au temps advenir, a droit
tiltre de chef cens portant lotz, ventes, saisines et amendes
quant le cas y échet selon la censive du pays; de vénérables et
discrètes personnes Messigneurs les chantre et chappitre Notre-
Dame d'Estampes, bailleurs au dit tiltre pour eulx et leurs
successeurs, chantre et chappitre au temps advenir. C'est
assavoir : unes masures et appartenances dicelles, avec demy
arpent de terre derrière' et tenant à icelles masures, assises
et situées au dit lieu de Guibeville, tenant d'une part aux héritiers feu Macy Boulier, que tient Jehan Delivrée et d'aultre part
aux héritiers Jehannot Bourgevin et de présent Jehan Triche-
reau, aboutissant d'un bout à la rue par laquelle on va de la
chappelle de Chastres³ au dit lieu de Chastres. Item demi arpent de terre assis au dit lieu de Guibeville, au lieu dit entre
deux rues tenant d'une part aux religieuses du Lys, et d'aultre
part à Jehan Delivrée aboutissant d'un bout à la dite rue alant
de la dite chappelle au dit lieu de Chastres et d'aultre bout aus
dites masures. Item une aultre pièce de terre contenant quartier et demy séant au dit lieu, tenant d'une part aus dites religieuses du Lis et d'aultre au dit Jehan Delivrée, aboutissant
d'un bout au dit chemin de la dite chappelle, et d'aultre aus
dites masures. Item une aultre pièce de terre contenant cinq
quartiers ou environ assis au dit lieu, tenant d'une part aus
dites religieuses, et d'aultre aus dites masures, aboutissant
d'un bout au dit chemin de la chappelle, et d'aultre aus dites
masures, mouvans iceux héritages du propre de la dite esglise,
amortis; pour d'iceulx héritages joyr et posséder par le dit
preneur et ses ayans cause, à tousjours plainement et paisible-

---

1. Marolles en Hurepoix, commune du canton d'Arpajon, arrondissement de Corbeil (Seine-et-Oise).

2. Voir la note de la pièce supérieure, page 90.

3. C'est *Guibeville* que le copiste a voulu écrire.

ment, sans auchun contredit. Et les profitz et émolumens qui viendront doresnavant, prendre et apliquer à luy comme de son propre. Ceste présente prinse et retenue ainssy faicte, comme dit est, pour et moyennant la somme de douze solz parisis de chief cens portant lotz, ventes, saisines et amendes comme dit est; que pour le dit preneur a promis et sera tenu et ses ayans cause doresnavant, par chacun an, à tousjours rendre et paier aus dits chantre et chappitre bailleurs et leurs successeurs, le jour Sainct Martin d'iver, dont le premier terme et premier paiement sera et commancera au dit jour Sainct Martin d'iver prochain venant en deux ans. Auquel premier paiement le dit preneur ou ses ayans cause ne paieront, ne seront tenuz paier pour le dit cens que la somme de six solz parisis; et delà en avant jusquez à six ans. Pareillement icelluy preneur ne paiera ne ne sera tenu paier chacun an que six soulz parisis; et les dites six années finies et acomplies, il sera tenu et ses héritiers à tousjours rendre et paier par chacun an toulte la dite somme de douze solz parisis dessus dits. Et aultre a promis et sera tenu le dit preneur de bastir ou faire bastir sur le dit héritage une maison à demourer selon sa faculté, dedans ung an prochain venant, et tellement tenir, soubtenir et maintenir les dits héritages que le dit cens y soyt et puisse dorénavant estre prins et perceu chacun an, sans auchun déchet ou diminution, par les dits chantre et chappitre, et leurs successeurs en la dite esglise, si comme toult ce le dit preneur disoyt, et dont il c'est tenu pour bien comptant par devant le dit juré sans fraude; promettant le dit preneur par les foy et serment de son corps pour ce donné en la main du dit juré, que jamays à nul jour, au temps advenir, contre ceste présente prinse, ne contre auchune des choses dessus déclarées il ne yra aller, ne venir fera par luy ne par aultres en aucune manière, sur pène de rendre et paier touz coustz, fraitz, mises, intérestz, dommages et despens que l'on aurait euz, faitz et souffers par deffault de l'entérinement du contenu cy dessus, non faict, enteriné et acomply, dont il voult le porteur de ces présentes estre creu par son simple serment, sans aultre preuve faire. Et quant ad ce que dit est, ferme tenir, entériner et avoir

agréable à tousjours sans enffraindre, il en a obligé et soubmiz
à la juridiction et contrainte de la dite prévosté d'Estampes
tous et chacuns ses biens et de ses hoirs, meublez et immeublez, présens et advenir, à estre prins, venduz et exploittéz par-
toult où ilz seront trouvés. En renonçant à toultez choses
généralement quelconques à ces lettres contraires, et mesmement au droit disant général renonciation non valloir.

En tesmoing de ce, nous, Estienne Lepiat, licencié en loix,
garde du scel de la dite prévosté, avons mis à ces lettres le dit
scel, à la relation du dit juré. Donné l'an mil cccc soixante dix
huit, le mercredi xix⁰ jour du moys d'aoust.

LXXXII.

*Vente d'une maison située dans la basse-cour de Notre-Dame,
faite par le chapitre à Pierrot des Haies, moyennant la
somme de xii sous parisis de rente annuelle payable en deux
termes.*

[Étampes], 30 septembre 1383.

Littera de duodecim solidis parisiensibus contra Perrotum
des Haiez, de domo¹ sua in bassa curia Beate Marie Stampensis sita.

A tous ceulx qui ces présentes lettres verront, Michel Fou-
drier², prévost d'Estampes, salut. Saichent tuit que par devant
Gervaise du Tertre, clerc tabellion juré de l'escripture d'iceluy
lieu, auquel nous adjouttons plainière foy en cestuy cas et en
greigneur, vint en sa propre personne Pierrot des Haies, de
mourant à Estampes paroisse Notre-Dame, si comme il disoyt;
lequel de sa bonne vollonté, sans contraincte, congnut et
confessa devant le dit juré, luy avoir prins et détenu à crois de
cens ou rente annuelle et perpétuelle à la vie de luy et d'un de

---

1. Voyez la pièce n⁰ LXXXIV, où il est question de cette maison.
2. Prévôt d'Étampes qui ne ne se trouve pas non plus dans la liste
ci-dessus mentionnée.

ses héritiers, lequel qu'il vouldra esluyre en son testament et dernière volenté, de chantre et chappitre Notre-Dame d'Estampes, une plasse assise en la basse court de Notre-Dame d'Estampes, qui jadis fut feu Pierrot Le Noble, tenant d'une part à Collette la Dantonne, et d'aultre part à la loige du portier de la dite basse court, tenue des religieux de Morigny à douze deniers de cens paiéz par an le jour de Sainct Remy. C'est assavoir, ceste prinse faicte pour ce pris et la somme de douze solz parisis de crois de cens ou rente annuelle et perpétuelle que le dit preneur, et son dit hoir en rendront et paieront chacun an à deux paiemens égamment aux diz chantre et chappitre; c'est assavoir à Noël et à la Sainct Jehan; [le] premier paiement commençent à Noël prochain venant, et ainssy chacun an aux diz termes la vie du dit preneur et de son dit hoir durant, si comme toult ce le dit preneur disoit, et de la dite prinse se tint pour bien comptant et agréé sans aucune fraude. Et promist icelluy preneur par la foy de son corps baillée corporellement en la main du dit juré, que jamais, à nul jour, pour le temps advenir, contre ceste prinse faicte par la manière que dessus est dit, il ne veudra aller, ne venir fera par luy, ne par aultres, pour nulle raison que ce soit ou puisse estre. Ancoys la dite somme de douze solz parisis de croys cens ou rente annuelle et perpétuelle rendra et paiera aus diz chantre et chappitre, ou au porteur ses lettres pour eulx, sans aultre procuration monstrer, aux termes et par la manière que dessus est dit et devisé, sur pène d'amende, de gaigement passé, avecquez touz coutz, mises, dommages, despens et interestz que le porteur de ces lettres disoyt, par son simple serment, sans aultre preuve fère, qui faictz et soubztenuz seroient en pourchassant la dite rente par deffault de paiement. Et quant à toult ce que dessus est dit, tenir et loyalement acomplir le dit preneur en a obligé et soubmis à la juridiction et prévosté d'Estampes, et à toultes aultres, luy ses hoirs, tous ces biens et les biens de ses hoirs, meublez et non meublez, présens et advenir, où qu'ilz soyent veuz et trouvéz, à vendre et à despendre à tel feur telle vente; renonçant en ce faict par sa dicte foy à toultes aidez de droict, de fet, de canon, de loy et de coustume, à touz privillégez donnez et à donner, à tous droitz escriptz et non escriptz, à toulte exeption, déception, et à toultez aultrez chosez qui pourroient estre dictes contre ces lettres.

En tesmoing de ce, nous, Jehan Boucher, garde du scel de la dite prévosté, avons mis à ces lettres le dit scel, à la relation du dit juré. Donné l'an de grâce mil troys cens quatre vingtz et trois, le mardi pénultième jour du moys de septembre.

LXXXIII.

Legs de vingt-quatre sous parisis de rente censuelle, fait par Jaquelin Celerier et par Gille, son épouse, pour la fondation d'un anniversaire à célébrer après leur mort. — Conditions pour entrer en possession de cette rente.

[S. l.], juillet 1226.

Littera quomodo communitas ecclesie Beate Marie capit xxiiii solidos parisienses in censiva de Sancto Villari, pro anniversario Jaquelini Celerarii et ejus uxoris, in censiva magne burse de predicto loco.

Omnibus presentes litteras inspecturis, Robertus[1], divina miseratione Moriniacensis dictus abbas, eternam in Domino salutem. Quum a via veritatis et rationis transmite per longi spatium temporis temporalia de facili videantur declinare, nisi sub voce testium vel testimonio litterarum confirmentur, debent ergo vel testimonio vel litterarum memorie commendari. Noverint igitur tam presentes quam futuri quod Jaquelinus

---

1. Robert II de Dourdan, xiiie abbé de Morigny selon la liste dressée par D. Fleureau. — Malheureusement la date ne concorde pas avec celle donnée par D. Fleureau (p. 524-526) qui fait signer un contrat en avril 1227 à Thibault, prédécesseur dudit abbé Robert. Qui faut-il croire? Il est bien regrettable que M. Menault, dans son *Histoire de l'abbaye de Morigny* (Paris, Aubry, 1867), n'ait nullement cherché à élucider ces questions de chronologie véritablement importantes pour établir une liste définitive et sérieuse des abbés.

7

Celerarius, burgensis Stampensis, et Gilla uxor ejus, in nostra
presentia constituti, concesserunt, ob anime sue remedium,
ecclesie Beate Marie Stampensis xxiiii^{or} solidos censuales
annui redditus, in territorio de Sancto Villari, in censiva Beate
Marie Stampensis, pro anniversario suo annuatim faciendo,
post decessum eorum, libere et quiette possidendos. Si autem
dictum Jaquelinum contigerit ante uxorem suam decessisse,
unam medietatem predicti census predicta ecclesia pacifice
possidebit; alia vero medietas census predicte Gille uxori
Jaquelini, quandiu vixerit, remanebit. Si vero Gilla uxor Jaquelini decesserit, priusquam Jaquelinus ipse, predictam censivam
totam tenebit integre, in vita sua pacifice possidendam. Et sic
post decessum eorumdem Jaquelini et Gille uxoris sue, totalis
predicta censiva ad ecclesiam Beate Marie libere et pacifice
revertetur : istam siquidem concessionem factam coram nobis,
ad petitionem Guillelmi cantoris et clericorum Beate Marie
superius memorate et predictorum Jaquelini et Gille uxoris
sue, sigilli nostri testimonio fecimus communiri. Actum anno
Domini m° cc° xx° sexto, mense julio.

LXXXIV.

Accord fait entre l'abbé de Morigny et les chantre, chapitre
et bénéficiers de l'église Notre-Dame, pour les champarts
de Bonvilliers et différents droits énumérés dans cette
charte. — Le chapitre de Notre-Dame paya quarante-quatre
livres tournois au monastère pour se racheter de tous ces
droits de censive et autres.

[Morigny], 29 mars 1443.

Littera concordationis facte inter abbatem et conventum de
Morigniaco et capitulum Beate Marie Stampensis, de campi-
parte terrarum de Bonvillario ; quomodo sunt exempte a predicto abbate[1].

---

1. Cet accord est le résumé d'un long débat dont nous allons voir
toutes les pièces dans les chartes suivantes.

A tous ceulx qui ces présentes lettres verront, nous, Symon[1], humble abbé de l'esglise de la Sainte Trinité de Morigny-lez-Estampes, au diocèse de Sens, de l'ordre de Sainct-Benoist, et toult le couvent d'iceluy lieu, salut en nostre Seigneur.

Comme dès loncg temps l'esglise et monastère du dit lieu de Morigny avaient esté en grant ruyne et désolacion, et aussy comme en voye de destruction totale, pour occasion des guerres et divisions, qui pour loncg temps ont esté et encores sont en ce royaulme, pourquoy nous ayt esté et soyt nécessité aucune finance faire, tant pour icelle nostre esglise et monastère reddifier et mettre sus aucunement selon la possibilité de nous, comme pour la continuation du divin service, et pour ce : premièrement, en conseil et meure desliberacion ensamble en nostre chappitre, d'un commun accord et consentement, avons assemblé avecque vénérables et discrettes personnes les chantre[2] et chappitre et bénéficiez de l'esglise collégial Notre-Dame d'Estampes, avecquez lesquelx nous avons tant procédé que entre eulx et nous a esté trouvé l'accord et composicion qui ensuyt. C'est assavoir, pour ce que dès loncg temps ancian iceulx avoyent, tenoient et possédoient, et encores ont, tiennent et possèdent au lieu de Bonvillier ung hostel et appartenances avecque plusieurs et grant quantité de terres au territoire du dit lieu, assises et situéz en plusieurs pièces, lesquelles ou partie d'icelles sont de temps ancian chargées et redevables envers nous, aucunes de douze gerbes une, et aucunes de douze gerbes deux, pour droit de champart : premièrement une pièce contenant sept quartiers ou environ assis au chantier de Toucheronde, tenant d'une part à Estienne Valleton, et d'aultre part aux héritiers feu Guy Blanchart. Item une pièce contenant troys quartiers ou environ, assise au Val des Maisons, tenant à Jehan Delaporte. Item une pièce contenant douze arpens ou environ, assise entre les deux chemins

---

1. Symon Le Gros, xxxi⁰ abbé de Morigny suivant la liste dressée par Fleureau. — Cf. Fl., p. 545.

2. A cette époque, Jean des Mazis occupait la dignité de chantre de Notre-Dame : c'est lui qui dut conclure cet accord.

par où l'en va d'Estampes à Bonvillier, tenant à iceulx chemins d'une part et d'aultre. Item une aultre pièce contenant cinq quartiers ou environ, assise en la vallée des Ourmes-aux-Tournans, tenant aux héritiers du dit Guy Blanchart d'une part, et à Guillaume Chevallier d'aultre part. Item une pièce contenant sept quartiers, assis à la pointe de la Croix, tenant aux chemins par où l'en va d'Estampes à Bouville et à Bonvillier, ferant d'ung des boutz aux terres du couvent du dit lieu de Morigny. Item une aultre pièce contenant troys arpens et demy de terre ou environ, assis au hault de Bonvillier, tenant aux héritiers feu Guyot Delorme d'une part, et à Macy Delorme d'aultre part. Item ung arpent assis au dit lieu, tenant aux héritiers feu Guyot Panneau d'une part, et aux héritiers feu Guyot Delorme d'aultre part. Item six arpens de terre assis au chantier de Longue-Haute, tenant à Jehan Lemasson d'une part, et à Estienne Valleton d'aultre part. Item une pièce contenant deux arpens, assis au chantier du Masnis, tenant aux terres d'iceluy couvent d'une part, et à Gillet Ligier d'aultre part. Item six arpens assis aux Alleuz, tenant aux héritiers feu Saudreville d'une part, et au chemin Poteraz d'aultre part, avecque unze solz neuf deniers de chef cens, chacun an, comme par les papiers censives et enseignemens de nous et des dits chantre et chappitre peult apparoir.

Et pour icelles terres dessus déclarées, ainssy redevablez tant de champart comme de censive, chacun an par composicion japiecà faicte entre eulx et nous, tenir en leurs mains par notre souffrance paisiblement, à l'ocasion de ce que icelles terres sont en la haulte justice, basse et moienne de notre dite esglise de Morigny, estoyent et sont tenuz iceulx chantre, chappitre et beneficiéz de nous paier, par chacun an, la somme de vingt solz parisis de rente, comme il appert plus à plain par lettres sur ce faictes et passées le samedi cinqhiesme jour du moys de may, l'an de grâce mil troys cens quatre vingtz et dix-sept, par devant Jehan Davy[1], bailly d'Estampes et Ville-

---

1. Voir ci-dessous, page 104.

neufve, tabellion ou clerc juré pour le dit temps. Et avecquez ce aucunes d'icelles terres appartenant au dit hostel de Bonvillier. C'est assavoir, dix arpens en plusieurs pièces : la première contenant deux arpens et demy qui furent à Laubier, séans à la mardelle. Item cinq quartiers séans à la croix, avecquez ung arpent au dit lieu qui fut (à) feu Hebert. Item troys arpens en Toucheronde. Item arpent et demy séant en Vaucreuse, avecquez troys quartiers, séans à la planche Jaquelline, redevables, chacun an, de dix solz parisis de chef cens, envers les seigneurs de Villemartin, à cause de l'ostel du dit lieu. Lesquelles terres estoient et sont tenües et redevables de douze gerbes une, envers nous, chacun an, à cause d'un manoir et appartenances assises au dit lieu de Bonvillier, qui fut à Messeigneurs de Bouville et de Farcheville, et lequel naguères noble homme messire Charles de Chastillon, chevalier, seigneur en partie de Farcheville, et d'iceulx signeurs héritiers a donné et délessé pour certaines causes à icelle nostre esglise et monastère, comme appert plus à plain par lettres sur ce faictes, lequel champart de douze gerbes une ce souloyt rendre et paier en l'ostel et manoir dessus dits.

Pareillement estoient et sont tenuz iceulx chantre, chappitre et bénéficiéz de nous paier chacun an douze deniers de cens pour et à cause d'une plasse assise en la basse court de la dite esglise Notre-Dame, qui jadix fut feu Pierre Le Noble, tenant d'une part à Collette la Dantonne, et d'aultre part à la loige du portier de la dite basse court. Finablement pour les causes dessus dites, et pour le cler et évident profit de notre dite esglise, nous à iceux chantre, chappitre et bénéficiez et à leurs successeurs en la dite esglise, toultes les charges dessus déclarées et chascune d'icelles, par notre accord et appoinctement final, avons les dites choses transportées, quittées, remises, délaissées dès maintenant, et par ces présentes transportons, quittons, remettons et délaissons à tousjours mais, perpétuellement, sans ce que jamays iceulx chantre, chappitre et benéficiéz ou leurs successeurs soyent tenuz de nous paier, ne à nos successeurs abbéz et couvent, pour les charges, champart et censives dessus dites, auchune chose. Mais voullons, consentons et accordons que ilz et leurs successeurs aient, tiennent, et possèdent les dites choses et chascune d'icelles en leurs mains, plainement et paisiblement, toult ainssy et par la forme et manière que nous-mesmes les tenions et en joissions, et comme nous avions acoustumé de les tenir, prandre, lever et percevoir, et les mettons quant ad ce en notre propre lieu, totalement et à tousjours, pour les tenir et disposer à leur vollenté et plaisir; soyt que ilz les tiennent en leur main ou que les transportent ailleurs en quelconque manière, à quelleconque esglise ou communauté que ce soyt. Et oultre plus par ce présent accord et appoinctement voullons et consentons que les dits chantre, chappitre et bénéficiéz et leurs successeurs doresnavant tiennent en leur main l'ostel couvert de tuille, court, cave et áppartenance, assis au dit lieu de Morigny, en la haulte justice d'icelluy lieu, lequel fut Perrin Saillart, et dernièrement Ferry Hue¹, lequel icelluy Ferry a donné aus dits chantre, chappitre, et bénéficiéz naguèrez pour la fondation de son anniversaire avecque quartier et demy de terre appartenant au dit hostel, assis en sa varenne soubz Brandart et que d'icelluy hostel [et] quartier et demy de terre facent leur bon plaisir et vollenté et en disposent à eulx ou à aultre comme bon leur semblera, reservé avons la censive que doibt le dit hostel, chacun an, le droit de ventes et saisines quant le cas y eschera.

Ce présent accord et appoinctement faict ainssy que dessus est dit et déclaré entre nous et iceulx chantre, chappitre et bénéficiez moiennant et parmy ce que iceulx nous ont baillé et paié pour une foix la somme de quarante quatre livres tournois laquelle nous avons receue et nous en tenons contans et en quittons les dits chantre, chappitre et bénéficiéz et tous aultres. Et moiennant ce, iceulx chantre, chappitre et bénéficiéz et leurs successeurs et aians cause peuvent et pourront tenir les choses dessus dites, et chascune d'icelles en la manière dessus déclarée plainement, paisiblement, deschargés des dites charges

---

envers nous, sauf toutefoys et reservé à nous les droictz de la
dite haulte justice, basse et moienne d'icelle nostre esglise; et
pour les choses dessus dites fermement tenir et loyaument
acomplir de poinct en poinct; nous avons obligé et ypotéqué
et soubmitz, et par ces présentes obligons, ypothéquons et
soubzmettons nous, nostre dite esglise et les biens d'icelle
quelxconques; et promettons en bonne foy, jamays pour le
temps advenir, par voye, condition ou manière quelconques
ne venir ou faire venir au contraire de ses choses dessus dites;
et renonçons par notre ditte foy à toutes choses que on pourrait dire, proposer et aléguer contre la teneur de ces présentes
lettres.

En tesmoing desquelles choses, nous avons scellé ces présentes de nos seaulx, desquelz nous usons en nostre dite esglise
et monastère. L'an de Nostre Seigneur mil cccc quarante deux,
le vendredi vint neufiesme jour du moys de mars.

LXXXV.

Confirmation de l'accord précédent par Louis de Melun,
archevêque de Sens.

Sens, 22 mai 1447.

Confirmacio predictarum litterarum facta per dominum archiepiscopum Senonensem.

Universis presentes litteras inspecturis. Ludovicus miseratione divina Senonensis archiepiscopus, salutem in Domino.
Notum facimus quod nos, visis et diligenter inspectis et attentis litteris et earum tenore, quibus nostre presentes sunt
annexe; habita etiam informatione legitima, tam per juramentum
contrahentium vel suorum procuratorum quam alias debite,
quod contenta in eisdem litteris cedunt et subveniunt ad canonicam et evidentem utilitatem ambarum ecclesiarum nostre
Senonensis diocesis in eisdem nominatarum. Justis partium
eorumdem precibus inclinati, ac dictarum ecclesiarum indemp-

nitatibus providere volentes, ex nostra certa scientia, proha-
bita tamen deliberatione matura, cum pariter transactiones,
pacta, cessiones, transportus et concordata cetera omnia et
singula, in dictis litteris presentibus annexis contenta, volumus,
laudamus, consentimus et approbamus, atque nostrum ordinatum ac judiciale et pastorale decretum interponimus per
presentes ad perpetuam firmitatem.

In quorum omnium testimonium, sigillum camere nostre
Senonensis presentibus nostris litteris jussimus apponendum.
Datum Senonis, die vicesima secunda mensis maii, anno Do-
mini millesimo quadringentesimo quadragesimo septimo.

LXXXVI.

*Accord fait en présence de Jean Davy, bailli d'Étampes, entre
les délégués de l'abbaye de Morigny et les délégués du
chapitre de Notre-Dame, au sujet du champart et des redevances de Bonvilliers[1].*

Étampes, 5 mai 1397.

Littera concordationis facte inter capitulum Beate Marie
Stampensis et abbatem et conventum Mauriniaci de campipartis
et aliis juribus de Bonvillaris[2].

A tous ceulx qui ces présentes lettres verront, Jehan Davi[3],
bailly d'Estampes, salut. Comme certain plait et procèz feust
japieça meu et encommancé par devant nous, entre les religieux

---

1. Cette pièce contient : 1o l'énumération des terres, au sujet desquelles il y avait litige; — 2o la procuration donnée par l'abbaye de
Morigny à des commissaires chargés de conclure cet accord (avril 1396);
— 3o la procuration donnée par le chapitre de Notre-Dame aux commissaires chargés de le représenter (septembre 1395); — 4o l'accord prononcé
par le bailli.

2. Bonvilliers, hameau dépendant de la commune de Morigny-Cham-
pigny, arrondissement d'Étampes.

3. Ce bailli n'est pas nommé dans la liste des baillis publiée à la fin du
volume de M. Marquis.

abbé et couvent de Morigny demandeurs d'une part, et le procureur de Monseigneur le comte d'Estampes comme garand de
vénérables et discrettes personnes les chantre et chappitre de
l'esglise de Notre-Dame d'Estampes deffendeurs d'aultre part ;
pour raison de certains droictz de champart que les dits religieux contendoyent à avoir sur plusieurs héritages assis au
terrouer de Bonvillier, dont la déclaration s'ensuyt[1]. . . . . .

. . . .

Auquel procès tant eust et ayt esté procédé que les dites
parties eussent esté appoinctéz en faiz contraires, et enqueste
faicte sur ce rapportée et mise en court, affin de juger. Néantmoins les dites parties comparans aujourd'huy par devant
nous ; c'est assavoir le dit abbé en personne et icelluy mesmes,
et le couvent du dit lieu par Loys Allart leur procureur, suffi-
samment fondé par lettres de procuration dont la teneur
ensuyt :

Universis presentes litteras inspecturis, frater Guillelmus[2],
permissione divina humilis abbas monasterii Sancte Trinitatis
de Morigniaco, ordinis Sancti Benedicti, totusque ejusdem
loci conventus, salutem in Domino sempiternam. Notum facimus quod nos et monasterii nostri predicti nominibus,
facimus, constituimus ac etiam ordinamus procuratores nostros
generales ac etiam nuncios speciales, magistrum Johannem
Fourquant, Egidium Boisminart, Ludovicum Allart, Johannem
Bellot, et Johannem Raguier et eorum quilibet in solidum, ita
quod non sit melior conditio occupantis ; sed quod per unum
ipsorum inceptum fuerit, per alterum eorumdem mediari, ter-
minari et finiri, in omnibus et singulis causis nostris, motis et
movendis tam agendo quam deffendendo, et tam pro nobis
quam contra nos, et coram quibuscumque judicibus secularibus
et ecclesiasticis, et quibuscumque nominibus censeantur, ac

---

1. L'énumération qui suit étant la reproduction exacte de l'énumération contenue et publiée déjà dans la charte nº LXXXIV, on a jugé
inutile de l'imprimer ici à nouveau.

2. Guillaume III, abbé de 1375 à 1398. Voir la notice que lui consacre
Fleureau, pp. 540 et suiv.

quamvis, et auctoritate vel potestate fungantur, sive sit in par-
lamento vel extra, dantes eisdem procuratoribus nostris, et
eorum cuilibet in solidum, plenam et liberam potestatem pro
nobis, nominibus quibus supra, in judicio et extra, componendi
litem seu lites, contestandi de calumpnia et de veritate dicenda,
in animas nostras jurandi, atque subeundi quodlibet alterius
generis juramentum quod postulat juris ordo, ponendi, proponendi, positionibus et articulis partis adverse respondendi,
libellum seu libellos dandi, replicandi, dupplicandi, trippli-
candi, testes, litteras, acta instrumenta et alia probationum
genera producendi, et in dictam testium partis adverse produc-
torem dicendi, objiciendi, et repugnandi, compromittendi, pacificandi, transsigendi et accordandi sententiam seu sententias
pro nobis, quibus supra nominibus reportandi, ac etiam contra
nos diffinitivas, vel interlocutores audiendi et ab eis et alio
quocumque gravamine nobis inferendo provocandi et appellandi, apellos petendi, appellationem seu appellationes prosequendi, substituendi unum vel plures procuratores, talem ut
supra potestatem habentes, substitutum vel substitutos revo-
candi, si opus fuerit, quociens eis placuerit, et generaliter
omnia alia faciendi, que nos nominibus quibus supra faceremus
et facere possemus, si presentes et personaliter interessemus,
etiam si mandatum exhigerent speciale; relevantes dictos
procuratores nostros et eorum quemlibet ab omni onere satis-
dandi, promittentes etiam nos, quibus supra nominibus, ratum
atque firmum habere et tenere quidquid predictos procuratores
nostros et eorum substitutos in premissis et quolibet premissorum deppendendum et conveniendum ex eisdem actum,
dictum, gestumve fuerit, quomodolibet procuratum, judicio
sisti, judicatumque solvi cum omnibus suis clausulis, sub
omni juris renunciatione ad hec necessaria, pariter et cantella.
In cujus rei testimonium, presentibus litteris si sigilla nostra
duximus apponenda. Actum in dicto monasterio nostro, die
viiiᵃ mensis aprilis, anno Domini mᵒ cccᵒ nonagesimo sexto.
— D'une part.

Et les dits procureur et chantre en personnes et le chappitre
de la dite esglise Notre-Dame d'Estampes, par messire Es-

tienne Regnart, prebtre, leur procureur, fondé des lettres de procuration données soubz le scel de la dite esglise, dont la teneur ensuit :

Universis presentes litteras inspecturis, cantor et capitulum ecclesie collegiate Beate Marie de Stampis, Senonensis diocesis, salutem in Domino. Notum facimus quod nos nostro nomine et ecclesie nostre predicte, dilectos et fideles nostros discretos viros dominos : Reginaldum de Solavilla, Sauxetum Ade, Johannem Grimileti, Jametum de Sancto Petro, Stephanum Renardi, presbiteros, canonicos nostros : Johannem Taupin, Robertum Paticerii, Nicolaum Braugier, cappellanos nostros : Stephanum Propositi, Egidium Boisminard, Henricum Nauberti, Ludovicum Allardi et Petrum Lebeuf, exhibitores presentium nostros fecimus, constituimus et ordinavimus, ac etiam ordinamus per presentes procuratores nostros generales ac nuncios specialiter, omnes insimul et eorum quemlibet per se et in solidum, ita quod non sit melior conditio occupantis, sed quod unus eorum inceperit, alter persequi valeat et finiri cum effectu in omnibus et singulis causis et negotiis nostris, motis et movendis, tam pro nobis et ecclesia nostra predicta, quam contra nos et ecclesiam nostram predictam, quam quascumque personas ecclesiasticas et seculares, et coram quibuscumque judicibus ecclesiasticis et secularibus, quacumque auctoritate fungantibus seu quocumque nomine censeantur, dantes et concedentes predictis procuratoribus nostris, et eorum cuilibet per se et in solidum plenam et liberam potestatem, ac mandatum speciale agendi pro nobis et ecclesia nostra, nosque et ecclesiam nostram predictam deffendendi, conveniendi, reconveniendi, exipiendi, ponendi, proponendi, provocandi, replicandi, duplicandi, triplicandi, litem seu lites contestandi, negandi, et cognoscendi, jurandi in animas nostras tam de calumpnia quam de veritate dicenda, ac cujuslibet generis juramentum facere quod postulat ordo juris exipiendi, petendi et recipiendi, si que nobis fuerunt ad judicium, seu taxas ponendi, positionibus respondendi, testes, litteras et instrumenta in modum probationis producendi in testes et dictam testium dicendi jus, interlocutivam et diffinitivam sententiam audiendi, appellandi, provocandi pro nobis provocationes et appellationes nostras prosequendi, innovendi et insumandi apellos petendi et eos obtinendi, cautiones, et processus rattificandi, transigendi, concordandi, pacificandi, compromittendi, compromissum seu compromissa fidet et pena valendi hospites et judiciabiles nostros requirendi, petendi, exigendi et habendi a quibuscumque judicibus, et de illis bonum et breve judicium conquerantibus faciendi eosque, si opus fuerit, adjournandi, et eis diem seu dies coram nobis seu locumtenentem nostrum assignandi; et omnia alia et singula faciendi que nos faceremus et facere possemus, si semper presentes ad premissa omnia et ea tangentia interessemus; promittentes sub ypotequa et obligatione omnium rerum et bonorum nostrorum et dicte ecclesie nostre, nos ratum et gratum habere, et plenius habiturum quidquid predictos procuratores nostros et eorum quemlibet per se et in solidum actum, dictum, gestum, factumve fuerit seu etiam procuratum et pro eis, si necesse fuerit, judicatum solvi et judicio sisti et his omnibus quorum interest tenore presentium, intimamus.

In cujus rei testimonium sigillum nostrum litteris presentibus duximus apponendum. Datum die sabbati post Nativitatem Beate Marie Virginis, anno Domini millesimo tricentesimo nonagesimo quinto. — D'autre part.

Pour eschever rigueur de procez, et pour paix et amour nourir entr'eux, ont esté et sont les dites parties demourées à accord ensemble en la manière qui s'ensuit. C'est assavoir :

Que pour les dits droictz de champart que iceulx religieux contendoient à avoir sur les héritages dessus nomméz et déclaréz, iceulx chantre et chappitre de la dite esglise Notre-Dame d'Estampes, à cause desdits héritages seront tenuz de paier doresnavant par chacun an ausdits religieux la somme de vingt solz parisis, au terme de la feste Saint Remy, avecque la censive que iceulx héritages peuvent devoir. Et pour les aultres droictz que iceulx religieux demandoyent pour l'amortissement d'iceux héritages qui sont assis en leur justice et pour toultez aultres choses qu'ilz leurs pourroyent demander, à cause d'iceulx héritages pour les tenir comme par main morte, yceulx chantre et chappitre seront tenuz de paier aus dits religieux la somme de dix livres parisis pour une foiz seullement : et demeurent et demouront à tousjours mètz les dits héritages deschargés de toulz droitz de champart envers les dits religieux ; et les ditz chantre et chappitre, quittez de toulz les arrérages de champart qui pourroient et peuvent devoir aus dits religieux, à cause des héritages dessus déclaréz, de tout le temps passé jusques aujourd'huy, moiennant ce que du consentement du procureur de mon dit seigneur le comte, et par la deslibéracion de son conseil, les dits religieux, abbé et couvent de Morigny seront et demouront quittez envers mon dit seigneur le comte de la somme de quatre muytz de froument, lesquelx le dit procureur disoyt dès long temps avoir esté prestéz aus dits religieux, des grains et garnisons de mon seigneur ; et pour laquelle somme de grain le dit procureur de mon seigneur disoyt en son dit procéz que les dits religieux avoient adnullé et mis au néant toult le droit de champart, qu'ilz demandoyent et contendoyent avoir sur les héritages dessus dits. Et partant se déportoient et déportent de toult leur dit procéz. Conscentent les dites parties estre par nous condempnées à tenir, entretenir et acomplir leur dit accort. Et pour ce, nous, de leur accort et consentement, icelles partiez avons condempnées et condempnons à iceluy accort tenir, entretenir et accomplir selon ce qu'il est dit et déclaré dessus. Et en iceluy avons mis et mettons l'auctorité et consentement de justice, et partant avons deslié de cour et de procéz les dites parties sans despens avoir d'une partie ne d'aultre. Duquel accort les dites parties nous ont requis ces présentes lettres ; lesquelles nous leur avons ottroiées pour leur valloir ce que de raison deuvra.

En tesmoing de ce, nous avons mis à ces présentes lettres notre scel. Ce fut faict ès assises par nous tenues à Estampes, le samedi cinquiesme jour du moys de may, l'an de grâce mil ccc iiii^{xx} et dix sept, vi^e jour des dites assises.

LXXXVII.

*Consentement donné par Jean III, abbé de Morigny, à l'ac-
cord précédent conclu par les soins de son prédécesseur.*

Morigny, 25 novembre 1398.

Assensus Domini abbatis de predictis litteris suo sigillo
sigillatis.

Universis presentes litteras inspecturis, frater Johannes,
permissione divina humilis abbas monasterii Sancte Trinitatis
de Morigniaco, Senonensis diocesis, ordinis Sancti Benedicti,
totusque ejusdem loci conventus, salutem in Domino sempiternam. Notum facimus quod omnium nostrorum intervenien-
tium assensu, utilitate monasterii nostri, previsa ac deliberatione
habita inter nos, junctoque proborum virorum consilio, omnia
et singula, in litteris quibus hec nostre presentes littere sunt
annexe, contenta ipsa rata et grata habentes laudamus, ratifi-
camus et tenore presentium confirmamus; promittentes bona
fide sub omnium nostrorum et predicte nostre ecclesie bonorum,
in contrarium non venire quomodolibet in futurum; et ut in
perpetuum stabile permaneat, sigillorum nostrorum fecimus
appensione muniri.

Datum in capitulo nostro generali, die lune in crastino festi
Sancte Trinitatis[1] hyemalis, vicesima quinta mensis novembris,
anno Domini Mº CCCº nonagesimo octavo.

LXXXVIII.

*Quittance donnée par Guillaume III, abbé de Morigny, des
dix livres parisis que le chapitre de Notre-Dame avait été*

---

1. Cette fête de la Trinité d'hiver était sans doute particulière à
l'abbaye de Morigny, car nulle part il n'en est question dans la liturgie
catholique. Elle devait se célébrer, pensons-nous, le *dernier* dimanche
après la Pentecôte.

condamné à verser, en vertu de l'accord précédemment conclu en présence de Jean Davy.

[Morigny], 18 juin 1397.

Quitancia de decem libris supradictis in littera concordationis.

Noverint universi quod nos, frater Guillelmus, permissione divina humilis abbas monasterii Sancte Trinitatis de Morigniaco, habuimus et recepimus a venerabilibus et discretis viris cantore et capitulo Beate Marie Stampensis summam librarum parisiensium, in quibus nobis tenebantur pro et ratione cujusdam composicionis inter nos et ipsos facte, super quodam processu inter nos et procuratorem domini comitis Stampensis, ipsorum garantizatorem pendentem occasione campiparti terrarum suarum de Bonovillari, de qua quidem summa predictos cantorem et capitulum quittamus per presentes. In cujus rei testimonium, sigillum nostrum litteris presentibus duximus apponendum. Actum anno Domini Mº CCCº nonagesimo septimo, die lune xviiiª mensis junii.

LXXXIX.

Accord fait entre Simon le Gras, abbé de Morigny, et le chapitre de Notre-Dame d'Étampes, au sujet de quatre arpens de terre situés au chantier du Bordeau[1].

Morigny, juin 1468.

Littera concordationis facta inter predictum capitulum et predictos abbatem et monasterium.

A tous ceulx qui ces présentes lettres verront, Simon[2],

---

1. Lieu dit inconnu.
2. Simon le Gras, 31e abbé de Morigny. Voir la notice que lui consacre Fleureau, p. 544.

humble abbé du monastère de la Sainte Trinité de Morigny-
leez-Estampes, et tout le couvent d'iceluy lieu, salut en Notre
Seigneur. Comme plaict et procèz fust meu entre nous d'une
part, et les chantre, doyen et chappitres des esglises collegial
Notre-Dame et Sainte-Croix d'Estampes d'aultre part, à cause
de quatre arpens de terre arable ou environ assis au chantier
dit le Bordeau, qui furent Jehan Gaalle et depuis Jehan
Christian et Jehan Denis, que tient à présent Pierre de Beauvoir, demourant en la paroisse Saint Basile d'Estampes, à luy
baillées naguères par damoiselle Agnès de la Barre, fille feu
messire Estienne Valleton, chevalier, tenans d'une part aux
héritiers feu Roullin Paviot, et d'aultre aux héritiers feu Gillet
Soreau, et d'un bout aux terres que tint anciennement feu
Gillet Bartier, que tient de présent le dit Pierre de Beauvoir ;
lesquelx quatre arpens de terre nous disions et mainteneons à
nous competter et appartenir par deffault de hoir détenteur ou
propriétaire et mouvans à nous à chief cens. Et les dits
chantre, doyen et chappitres soustenans et disans le contraire.
Scavoir faisons que pour éviter toult procès et aussy les
despens et coustemens qui pourroient ensuir ; à cause de ce
et pour nourir paiz ensemble par l'advis, déliberacion et conseil
de notables gens ; et aussy d'un commun accord faict après
entre nous assembléz pour ceste cause, nous avons accordé
et appoincté avecque les dits chantre, doyen et chappitres en
la manière qui ensuyt. C'est assavoir que nous leur avons
transporté et délessé, dès maintenant à tousjours et à leurs
successeurs, quatre arpens de terre labourable ou environ assis
au dit lieu et chantier du Bordeau, qui anciennement furent et
tindrent les héritiers feu Jehan Christian, tenans d'une part
aux dits héritiers, et d'aultre aux terres à l'abesse de Villiers
et à Colin Troignet, aboutissans par ung bout sur les dits
héritiers et de l'autre bout à une pièce de terre qui est de l'aumosne de Buval[1] ; à nous advenus et eschuz par deffault de
hoir détempteur ou propriétaire et mouvans à nous à chief
cens. Pour et à l'encontre des dits quatre arpens cy dessus

1. Buval (?)

premiers nomméz, que iceulx chantre, doyen et chappitres nous ont pour ce transportéz, quittéz et délesséz comme il appert par lettres sur ce faictes soubz leurs seaulx, lequel transport, permutacion ou eschange ainssy par nous faict aus dits chantre, doyen et chappitres. De ce que dit est, nous promettons tenir et avoir agréable à tousjours sans venir ou faire venir au contraire en aucune manière. En tesmoing de ce nous avons mis ad ces présentes nos seaulx, l'an de grâce mil cccc soixante et huit, le xᵉ jour de juing.

XC.

Reconnaissance donnée par le même abbé au chapitre de Notre-Dame d'Étampes, touchant un égoût à Bonvillier.

Morigny, 3 mars 1419[1].

Littera de distilantia aquarum facta inter predictas partes de domibus de Bonovillari, pertinentes ad predictum abbatem tamdiu quandiu voluerit predictum capitulum.

A tous ceulx qui ces présentes lettres verront. Nous Simon, humble abbé du monastère de la Sainte-Trinité de Morigny, et toult le couvent d'iceluy lieu, salut en Notre Seigneur. Comme japieça nous avons faict construire et édifier certaines bergeries en notre mestairie et granche de Bonvillier sur et contre les murs séans entre notre dicte mestayrie et la granche et mestairie et closture des jardins appartenant aux chantre et chappitre de l'esglise collégial Notre Dame d'Estampes; desquelles bergeries certain esgoud distille et chiet és jardins

---

1. Cette date est assurément erronée, car l'abbé Simon ne fut élu abbé de Morigny qu'en 1433, et par conséquent il ne put signer comme tel en 1419. On ne saurait dire d'ailleurs qu'il s'agit d'un autre Simon, car c'est le premier abbé qui porte le nom de Simon dans la liste dressée par Fleureau. Cette reconnaissance constate un des bons procédés qui furent échangés entre Notre-Dame et Morigny pendant que Simon Le Gros tenait la crosse abbatiale. Je propose la date de 1449, qui me paraît être la vraie, parce que les arrangements entre l'abbé Simon et le chapitre de Notre-Dame commencèrent vers cette époque.

dessus dits de chappitre; ce que iceulx nous ont souffert le temps passé sans ce que nous aions droit d'avoir le dit esgoud. Toutefuoyes iceulx de chappitre ont voullu de leur gracieux volloir le temps passé souffrir icelluy. Néantmoins nous ne voullons tendre à aucune fin de possession et saisine d'avoir ozés ne pour le temps advenir auchun esgoud en leur dit héritage. Mais ce qui a esté faict le temps passé, mettons au néant; et icelluy esgoud, iceulx de chappitre ne sont en riens tenuz de recepid, fors tant seulement qui leur plaira, sera.

Donné en tesmoing de ce soubz nos seaulx, l'an mil iiiɪᶜ et dix huit, le iɪɪᵉ jour de mars.

XCI.

Convocation du chapitre pour l'élection d'un chantre[1].

[Étampes], 11 juin 1395.

Citatio capituli ad canonicos congregandos in electione cantoris ejusdem ecclesie Beate Marie.

Capitulum ecclesie Beate Marie de Stampis, Senonensis diocesis, venerabilibus et discretis viris dominis Canciano de Saudrevilla, Reginaldo de Solavilla, Johanni Grimileti, Sauxeto Ade, Guillelmo du Marchès, Johanni Desnoiers, Jacobo de Sancto Petro, Andree Creté, presbiteris; Johanni de Rovre, et Johanni Anglici, clericis, ceterisque predicte ecclesie canonicis; necnon universis et singulis, quos presens tangit negocium et tangere potest in futurum, salutem in Domino sempiternam. Cum cantoria dicte nostre ecclesie cujus electio, nominacio, provisio et institutio ad nos immediate tam de jure quam de consuetudine spectare et pertinere dignoscatur ab antiquo; inde est quod vobis tenore presentium certifficamus, signifi-

---

1. Le cartulaire ne nous fait point connaître le résultat de cette élection, mais il est probable qu'elle aboutit à la nomination de *Jean de Seuleville*, que Fleureau donne comme ayant occupé cette charge en 1400. — Toutefois cette pièce a dû échapper à la sagacité de l'historien d'Étampes, autrement il n'eût pas dit que Jean de Seuleville était chantre longtemps avant 1400, puisqu'il y eut une élection en juin 1395.

camus et mandamus quatenus hac instanti die sabbati post
estivale festum Beati Martini, hora capituli ipsius ecclesie, campana prius pulsata, ut moris est, in eadem ecclesia, diebusque
super hiis continuatis, et si necesse fuerit continuandis; de communi omnium nostrorum [consensu], Spiritus Sancti gratia pre-
mitus invocata incapitulo ipsius ecclesie; de electione persone
ydonee in cantorem ejusdem ecclesie providere intendimus et
tractare; et ob hoc vos omnes et singulos tenore presentium
ad dictas diem et horam canonice una vice pro omnibus pe-
remptis convocamus; vobisque et vestrorum cuilibet dictam
diem terminum prefixum prefigimus ac etiam assignamus, si
vestra creditis interesse. Intimantes vobis et vestrorum cuilibet
quod dictis die et hora, sive veneritis, sive non, nos ad electionem, provisionem et institutionem faciendam de persona
ydonea, in cantorem dicte ecclesie, Deo dante, procedemus,
ut jus erit, adhibitis solempnitatibus in talibus assuetis, vestra
et vestrorum cujuslibet abscentia non obstante; et in signum
receptionis presentium, quilibet vestrorum sigillum suum in
cauda vacua, presentibus hiis apponendum non differat, sub
debito prestiti juramenti. In cujus rei testimonium sigillum
nostrum, quo in talibus utimur, presentibus duximus apponendum. Datum in capitulo nostro generali, die veneris, in
festo Beati Barnabe Apostoli, anno Domini Mº CCCº nonagesimo
quinto.

XCII.

Mode d'élection du chantre par le chapitre.

S. l. n. d.[1]

De modo eligendi cantorem in predicta ecclesia per canonicos congregatos.

C'est la forme de l'élection du chantre. Primo, le chappitre

---

1. FLEUREAU a analysé cette pièce dans son ouvrage. Il dit que ce mode
d'élection est en usage depuis environ l'an 1210; mais le document que
nous mettons sous les yeux de nos lecteurs n'est pas antérieur au
xIVᵉ siècle.

sonne les cloches, comme est acoustumé à la journée de la convocacion; se l'on pueut avoir tabellion et tesmoingz qui y soyent, et puys soyt levé la convocation; et ce faict le plus aisné chanoine doibt soir au lieu du chantre, et du consentement de tous estre establi à nommer telle personne qui luy plaira; et ce faict dira par la voye du Sainct Esprit : *In nomine Patris et Filii et Spiritus Sancti. Amen.* Je nomme telle personne à chantre, se tous en sont à acord; si soit levées et chanté : Te Deum laudamus et sonné. Et ce faict doibt estre monstré au peuple, qui sera hors du chappitre, en disant : Nous avons telle personne esleue à chantre de l'esglise de séans. S'il est nul qu'il veille dire ou proposer chose par quoy il ne le doibve estre, s'il le die, en présent; car après ne seroyt pas receuz. Et ce faict soyt remené en chappitre et soit installéz comme chantre, et ly soyt baillé le baston pastoral, et qu'il jure les estatuz ordonnéz pour le chappitre; et de toult ce, faictes lettres au tabellionnage. Et ce par adventure nous estoyt pas d'accord par la voye du Sainct Esprist, si soyt faict par scrutin et qui aura plus grant partie des vois des chanoines, si soyt chantre; et chacun chanoine pourra dire : Je me consens à telle personne; et se telle voye ne pueut estre tenue, si soyent deux chanoines esleuz par manière de compromis, lesquelx aurait povoir des aultres chanoines pour eslire telle personne que il leur plaira. Et le chantre procréé, faictes luy comme il est dessus contenu.

XCIII.

Gilles de Ruparfont, chevalier, donne en gage au chapitre de Notre-Dame d'Étampes la moitié de la dîme d'Estouy qui mouvait du fief de Notre-Dame. Cette obligation est attestée par Ferry Pâté, chevalier.

S. l., juin 1234.

De decima de Estoviaco[1] qualiter Gillo de Rivo profundo pignore obligavit capitulo Beate Marie de Stampis.

---

1. *Estouy*, canton et arrondissement de Pithiviers (Loiret).

Omnibus presentes litteras inspecturis, Ferricus Pasté[1], milles, salutem in Domino. Noveritis quod Gillo de Rivo profundo, miles, medietatem decime sue, quam habet apud Stoviacum quem de nostro movet feodo ecclesie Beate Marie Stampensis pro sexaginta decem libris parisiensibus pignori obligavit. Nos autem, ad petitionem dicti domini, illam obligationem volumus et laudavimus, et tenebunt eamdem obligationem dicte decime supradicte ecclesie quotienscumque opus fuerit garantizare. In cujus autem laudacionis facte testimonium et garentizie portande, presentes litteras sigilli nostri munimine predicte ecclesie sigillamus. Datum anno Domini Mº CCº XXXº quarto, mense junio.

XCIV.

Agnès, femme de Gilles de Ruparfont, ratifie l'obligation précédente devant Guillaume, doyen du Gâtinais.

S. l., 4 juin 1234.

Ratificatio facta per Agnetam, uxorem dicti Gillonis de Rivo profundo, passata per decanum Vastiniensem.

Viris venerabilibus et discretis sacerdoti et capitulo ecclesie Beate Marie Stampensis totoque ejusdem ecclesie capitulo, Guillelmus decanus Vastiniensis, salutem. Discretioni vestre significamus quod Agnes uxor Gilonis de Ruprafunt, militis, coram nobis laudavit, voluit et concessit pignorationem quam fecit vobis dictus Gilo de medietate totius decime sue quam habebant in parochia de Atoui pro sexaginta videlicet et decem libris parisiensibus fiducianta et dicta Agnes in manu nostra spontanea, non coacta, ejusque conventione qua quidquid quod contra eamdem impignorationem per se vel per aliud

---

1. Ferry Pâté, seigneur de Challerange, apparaît comme écuyer dès 1226 et devient maréchal de France en 1237. (Voir P. ANSELME, tome VI, p. 622.) Il fut employé par Louis IX comme négociateur en plusieurs circonstances. Son sceau est aux *Archives nationales*, appendu à une pièce cotée S. 6125, nº 62.

aliquo jure de cetero non veniret. Datum die dominica, infra octavam Ascensionis Domini, anno M° CC° XXX° quarto, mense junio.

XCV.

Accord[1] fait entre le chapitre de Notre-Dame d'Étampes et Guillaume, fils de Richard de Chandoux, sur certains droits que le chapitre avait sur le territoire de Chandoux.

S. l., janvier 1233.

Concordatio facta inter capitulum Beate Marie et Guillelmum, filium Richardi de Chiendoux[2].

Nos Amalricus[3], comes Montis fortis, Francie constabularius, notum facimus universis quod, quum diu[4] contentio durasset inter capitulum Beate Marie Stampensis ex una parte, et Guillelmum de Chiendoux ex altera, tandem mediante dilecto et fideli nostro Petro de Sauvarchiis, sicut coram nobis fuit per os dicti Guillelmi et aliorum coram cantore dicte ecclesie, recordant, et concessum in hanc amicabilem formam pacis convenerunt, quod predictus Guillelmus quitavit dicto capitulo totam terram, hebergagium et mairriam cum omnibus pertinentiis que omnia pater ejus Richardus, dum viveret, possidebat, fide ab eodem Guillelmo coram nobis prestita in manu Guillelmi Pulcri[5] dicte ecclesie cantoris, et in predictis omnibus vel in aliquibus rebus aliis in dicto territorio de Chandoux

---

1. Cet accord fut conclu sous la garantie de Amaury, comte de Montfort, qui exerçait alors la charge de connétable de France depuis 1231.

2. Chandoux, hameau dépendant de la commune d'Étampes. Cette terre de Chandoux appartient aujourd'hui à la famille Duverger.

3. Amaury, fils de Simon de Montfort, né en 1192, mort en 1241, fut nommé Connétable de France en 1231. Le présent document peut s'ajouter au *Catalogue des actes de Simon et d'Amauri de Montfort*, par M. AUG. MOLINIER *(Bibliothèque de l'École des chartes*, tome XXXIV, 1873, pp. 445-501).

4. Cette discussion durait depuis au moins trente-deux ans; voir la pièce suivante.

5. Guillaume le Bel, dont parle dom Fleureau, p. 351.

constitutis, nihil de cetero reclamabit, nec deinde capitulum per se vel per alium, nec ipsius capituli hospites et homines presumet de cetero molestare. Tenetur insuper prenominatus Guillelmus per fidem suam inducere quoscumque de presentibus suis et amicis poterit ut quitacionem faciant prenotatam. Si vero aliquis contra sepedictum capitulum super aliquibus rebus ad dictum territorium pertinentem de cetero venire, aliqua occasione presumpserit, dictus Guillelmus omni contra venienti nullum per fidem suam prestabit auxilium vel assensum. Preterea, si dictus Guillelmus in observatione alicujus predictorum defecerit, nos ipsum vel res ipsius, quas in nostra terra possemus, invenire caperemus, et teneremus donec dictum capitulum esset super hoc plenarie satisfactum. Id ut ratum sit et perpetuum teneat munimem, nos, ad petitionem dictorum cantoris et Guillelmi, sigilli nostri munimine duximus presentes litteras roborari.

Actum anno Domini M⁰ CC⁰ tricesimo secundo, mense januarii.

XCVI.

Philippe-Auguste, roi de France, confirme l'accord conclu entre Richard de Chandoux et les chanoines de Notre-Dame d'Étampes. Approbation de cet accord par tous les membres de la famille de Richard.

Anet[1], octobre[2] 1200.

Carta de confirmatione facta per regem inter capitulum predicte ecclesie et predictum Guillelmum de Chandoux super mairriam[3].

---

1. Anet, chef-lieu de canton d'Eure-et-Loir, arrondissement de Dreux.

2. Cette date de mois nous est fournie par l'itinéraire dressé par M. LÉOPOLD DELISLE. Cette pièce manque toutefois à son remarquable recueil.

3. Ce titre latin contient une erreur de nom. L'accord que confirma le roi Philippe-Auguste ne fut pas conclu avec Guillaume, mais bien avec Richard, père de Guillaume; et il précède de trente-deux ans l'accord contenu dans la pièce précédente. D'ailleurs Philippe-Auguste ne put

In nomine Sancte et individue Trinitatis, Amen. Philippus, Dei gratia Francorum rex. Noverint universi presentes pariter et futuri quod contentio erat inter canonicos Beate Marie Stampensis ex una parte, et Richardum de Chiendoux ex alia, super mairriam de Chiendoux, quam dicebat se jure hereditario possidere, et de corveis et de terra corveiarum, quas dicebat se jure hereditario similiter possidere. Predicti vero canonici super hoc cum jamdicto Richardo et uxore sua et heredibus suis pacem fecerunt hoc modo : quod Richardus et uxor sua et heredes sui mairriam illam in perpetuum abjuraverunt, ita quod ipsi deinceps nihil jure hereditario clamabunt in mairria illa nec in corveis nec in terra corveiarum. Canonici autem Beate Marie propter bonum hujus pacis accomodaverunt predicto Richardo mairriam illam in vita sua tenendam ab eo, ita quod post ejus decessum, vel intraverit religionem, mairria illa pacifice et quiette ad predictos canonicos integre revertetur ; ita quod nullus heredum predicti Richardi in mairria aliquid clamare poterit, sed canonici de mairria predicta suam omnino poterunt facere voluntatem.

In mairria autem illa sunt bornagia, et *li destreit*, et investiture, et summoniciones hominum de Chiendoux, quando aliquis canonicorum Beate Marie Stampensis id perceperit. Corveie autem et terra corveiarum predictis canonicis Beate Marie remanent. Hanc pacem concessit idem Richardus se firmiter servaturum, et similiter Aalès uxor ejus, et Michael[1] ejusdem Richardi, et Basilia filia Richardi, et Guillermus filius Richardi et Aales, et Amelina et Alienor filie Richardi et Aales. Quod ut perpetuum robur obtineat, ad petitionem utriusque partis presentem paginam sigilli nostri auctoritate et regii nominis caractere inferius annotato precepimus confirmari. Actum Aneti, anno ab Incarnatione Domini м° ducentesimo, regni nostri anno xx° secundo, astantibus in palatio nostro quorum nomina supposita sunt et signa, dapifero nullo. Signum Gui-

---

confirmer en 1232 l'accord conclu avec Guillaume, puisque ce roi mourut en 1223.

1. C'est *filius* qu'il faut sous-entendre.

donis buticularii. Signum Mathei camerarii. Signum Droconis constabularii.

Data vacante cancellaria.

XCVII.

Guillaume Menier, châtelain d'Étampes et bailli du Roi, notifie l'arrangement susdit.

[Étampes], 1211.

Quitancia facta a ballivo Stampensi de predictis litteris.

Ego Willelmus [Meniarius]¹, castellanus Stampensis, et a²... ballivus Domini regis. Notum fieri volumus universis presentibus et futuris quod contentio, que inter Willelmum, cantorem Beate Marie Stampensis ex una parte, et Richardum de Caniculo et Aallès uxor ejus et filios et filias eorum ex altera, vertebatur coram nobis, sospita est in hunc modum. Dictus Richardus et uxor ejus et filii eorum et filie bona fide concesserunt et quitaverunt dicto cantori domum et granchiam et terras suas et quidquid idem cantor habet in Caniculo et in territorio Caniculi.

Actum anno Domini Mº CCº XIº.

XCVIII.

Louis VI, dit le Gros, roi de France, accorde au chapitre de Notre-Dame l'autorisation d'aller, avec un âne, quérir le

---

1. Guillaume Menier était en même temps seigneur d'Étampes et bailli du Roi.

2. Dans l'impossibilité de découvrir le sens de cette abréviation indiquée telle que dans le manuscrit, nous nous sommes adressé aux chartes originales de Guillaume Menier que l'on a bien voulu nous signaler. Contre notre attente, ces chartes ne nous ont rien appris, car toutes lui donnent l'une ou l'autre de ces deux qualités *(châtelain, bailli),* et non l'une et l'autre. Cf. *Cartulaire de Philippe-Auguste,* par M. LÉOPOLD DELISLE, *passim,* et aux *Archives nationales,* le carton L. 990.

grain dans toute la châtellenie d'Étampes, pour le moudre
à leur moulin.

Étampes, 1113.

[Publ. par D. Fleureau, p. 348.]

XCIX.

Louis, comte d'Étampes, rappelle la concession ci-dessus et la
confirme de nouveau après deux cent cinquante ans.

Paris, 2 juin 1368.

Littera comitis Stampensis data de asino predicto in tota
terra comitatus ejusdem Stampensis loci.

Loys, comte d'Estampes, seigneur de Lunel, à tous ceulx
qui ces lettres verront, salut. Sachent tuit que nous avons veu
les lettres de notre très doubté seigneur Loys, filz de Philippe,
jadis roy de France, dont Dieu ait l'âme par sa saincte grâce,
contenant la forme qui s'ensuyt :
In nomine Sancte et individue Trinitatis. Regie dignitatis et
officii est que sunt ad honorem... *(C'est la pièce précédente*
reproduite sans aucune modification jusqu'à la date). . . . .
Lesquelles, en tant comme il nous touche ou pueut nous
toucher, louons, approuvons, ratiffions et confermons toult le
contenu d'icelles. Et en empliant nostre dite grâce, nous avons
donné et octroyé, donnons et octroyons au dit collége de nostre
dite esglise pour le salut et remedde des âmes de nos prédécesseurs, de nostre très cher signeur et père dont Dieux ait
l'âme et de nous, qu'ilz aient chassé et puissent quérir la
moulte pour leur dit moulin à un asne, par toult notre dite ville
et chastellenie d'Estampes, de notre certaine science et grâce
espéciale, par la teneur de ces présentes. Si donnons en mandement à noz bailly et recepveur présens et advenir, et à tous
nos aultres officiers, que de notre présente grâce, concèssion
et ottroy les lessent et seuffrent joyr et user et leurs fermiers
et musniers pour eulx, sans aucun empeschement ou contredit
auchun. Et avecque ce voullons, discernons et nous plaist que

ce vous ou aucun de vous avez mis auchun empeschement en
la dite queste pour aucune cause ou prins faist ou arrêté, du
leur ou de leurs fermiers, si les leur rendés ou mettés à plaine
délivrance, et nous les leur délivrons et mettons au nient tous
procès par ces présentes de nostre dite grâce. Et pour ce que
ce soyt ferme chose à tousjours, nous avons faict mettre notre
scel en ces présentes, sauf en aultres choses notre droict et en
toultes l'autruy. Donné à Paris le 11ᵉ jour de juing, l'an de grâce
mil ccc lx et huit.

C.

*Bulle du pape Innocent III, qui défend aux chapelains non
prêtres d'exercer des fonctions dans l'église Notre-Dame
d'Étampes avant d'avoir été promus à la prêtrise.*

Ferentino, 10 mai 1203[1].

Bulla quomodo nullus cappellanus, subdiaconus, diaconus
non poterit ministrare in ecclesia Beate Marie, nisi habeat
omnes ordines.

Innocentius episcopus, servus servorum Dei, dilectis filiis,
cappellanis et clericis ecclesie Sancte Marie de Stampis, salutem et apostolicam benedictionem.

Sacrosancta romana ecclesia humilles et devotos filios ex
assuete pietatis officio propensius diligere consuevit; et ne
pravorum hominum molestiis agitentur, eos tanquam pia mater
solita est sue protectionis munimine confovere. Eapropter,
dilecti in Domino filii, vestris justis postulacionibus grato con-
currentes assensu, personas vestras cum omnibus bonis vestris

---

1. Cette date est certaine. Il suffit de se reporter à Potthast, *Regesta
pontificum romanorum*, tome I, p. 166. Cependant, d'après la liste formée
par ce savant, Innocent III serait à Palestrina les 7, 9 et 11 mai, et ne serait arrivé à Ferentino qu'entre le 11 et le 14. Faut-il admettre que le pape
s'est déjà rendu le 10 à Ferentino? Ou faut-il admettre que notre document
est mal daté, et qu'il faut lire « 11ᵒ ou 111ᵒ, au lieu de vᵒ idus maii ». Nous
signalons cette pièce encore inédite à l'attention des nouveaux éditeurs des
Regesta pontificum romanorum.

tam ecclesiasticis quam mundanis que inpresentiarum rationabiliter possidetis aut in futurum justis modis, prestante Domino, poteritis adipisci, sub Beati Petri et nostra protectione
suscipimus; specialiter autem omnes consuetudines quas ecclesia vestra ab antiqua habere consueverat, scilicet ut nulli
cappellano diacono vel subdiacono in ecclesia predicta ministrare liceat, nisi omnes ordines in eadem ecclesia de gradu in
gradum canonice fuerit consecutus, auctoritate apostolica
confirmamus, et presentis scripti patrocinio communimus.
Nulli ergo omnino hominum liceat hanc paginam nostre protectionis et confirmationis infringere, vel ei ausu temerario
contraire. Si quis autem hoc attemptare presumpserit, indignationem omnipotentis Dei et Beatorum Petri et Pauli apostolorum ejus se noverit incursurum. Datum Ferentini, viᵒ Idus
maii, pontificatus nostri anno sexto.

CI.

*Privilège accordé par Louis Iᵉʳ, comte d'Évreux et seigneur
d'Étampes, aux habitants d'Étampes et de Brières-les-
Scellés de chasser le lièvre et le lapin dans la garenne de
Villeneuve.*
Paris, 24 mars 1310.

Littera de juribus ville Stampensis quantum ad fugam cuni-
culorum et leporum.

Loys, filz de roy de France, comte d'Esvreux, à tous ceulx
qui verront ces présentes lettres, salut en Nostre Seigneur.
Comme nos bourgoys d'Estampes, de Bruières-les-Scellées¹ et
de Villeneufve² juxte Estampes, nous eussent par plusieurs
foix requis que nostre garenne de lièvres et de connis estant ès

---

1. *Brières-les-Scellés*, commune du canton d'Étampes (Seine-et-Oise).
2. Ce lieu a complètement disparu aujourd'hui. La ferme qui s'y trouvait tombait en ruines au commencement du siècle; mais le nom de
Villeneuve a été conservé à ce lieu entièrement couvert de bois, qui se
trouve entre Morigny et Étampes.

villes dessus dites et ès lieux appartenans à icelles, vousissions abatre et mettre à nient, pour plusieurs dommages et griefz que ilz soutiennent et ont soustenu au temps passé, des bestez de la dite garenne, si comme ilz disoyent, et pour ce nous eussent requis que du leur vousissions prendre souffisamment en re-compensation des proufitz qui d'icelle garenne nous venoyent ou de ci en avant nous povaient venir. Nous, considérans et regardans les griefz et les dommages que les dits bourgoys avoyent et povoient avoir pour la dite garenne, voulanz in-cliner à leur amiable requeste, espargner aux dommages et faire leur gràce, recongnoissons avoir vendu, quitté, cessé et ottroyé perpétuellement à tousjours aus dits bourgoys, à leurs héritiers et à tous ceulx qui auront cause de eulx, toulte nostre garenne d'Estampes et de Bruières et de Villeneufve et de toulx les lieux appartenans à icelles villes, sans riens excepter et sans riens retenir qui à garenne appartiengne, pour le pris de deux mille livres de tournois, ja paiéz à nous ou à nostre commandement en bonne pécune nombrée ; des quieux nous nous tenons entièrement pour bien paiéz et en quittons les ditz bourgoys et toux ceulx qui ont et auront cause de eulx ; et octroions que jamays garenne ne ferons ne nous, ne nos hoirs, ne ne ferons fère par nous ne par aultres ès dictes villes et ès terres et vignes, ne ès lieux appartenans à icelles villes : aincoys anientissons la dite garenne du toult en toult à tous-jours mès, et promettons en bonne foy pour nous et pour nos héritiers que contre la vente et ottroy dessus ditz ne vendrons ne venir ne ferons, par nous ne par aultres, au temps advenir.

En tesmoing et en confirmacion de ce, nous avons faict mettre notre scel en ces présentes. Donné à Paris, l'an de grâce mil ccc et neuf, le mardi veille Notre Dame en mars.

CII.

Louis VII, dit le Jeune, roi de France, accorde des privilèges à la ville d'Étampes, pour mettre les habitants à l'abri des vexations exercées par les officiers royaux.

Paris, 1179 [1].

[Publ. par D. Fleureau, p. 111.]

CIII.

Privilèges accordés par le même roi aux habitants d'Étampes dès le commencement de son règne.

Paris, 1137 [2].

[Publ. par D. Fleureau, p. 103.]

CIV.

Jeanne, veuve de Guillaume de Tignonville, chevalier, d'accord avec son fils, vendent au chapitre de Notre-Dame leur dîme de Tignonville au prix de LXV livres parisis [3]. Ce contrat est passé en présence du doyen d'Étampes.

[Étampes], janvier 1230.

De decima de Tignonvilla [4].

Omnibus presentes litteras inspecturis, Guillelmus, decanus Stampensis, salutem in Domino. Nosse vos volumus quod domina Johanna, relicta deffuncti Guillermi de Teignonvilla, quondam militis, et Guillermus filius ejus, in nostra presentia constituti, nomine pignoris obligarunt ecclesie Beate Marie Stampensis totam quartam partem decime sue de Teignonvilla pro sexaginta et quinque libris parisiensium reddendis de martio in martium, quotienscumque dictis domine Johanne et

---

1. Cet acte intéressant est analysé en détail par FLEUREAU, et dans l'*Histoire de la civilisation en France*, t. IV, pp. 341-344, GUIZOT s'est longuement étendu sur ce sujet.

2. Cet acte est postérieur au 1er août d'après M. A. LUCHAIRE (*Catalogue des Actes de Louis VII*, p. 100).

3. Il est à noter que Jeanne et son fils ne firent que ratifier cette vente conclue plusieurs années auparavant par le mari de Jeanne.

4. Tignonville, canton de Malesherbes, arrt de Pithiviers (Loiret).

Guillermo ecclesie placuerit memorate. Hanc autem obligationem Petrus de Richervilla[1], miles, de cujus feodo dicta movet decima, tenetur fide prestita prenominate ecclesie garentire quotienscumque super hoc fuerit requisitus. Insuper obligationis istius tenende et fideliter observande plegii sunt per fidem suam quisque in solidum : Goffridus de Magnilio Giraudi[2], miles ; Monacus de Miliaco ; Stephanus li Bos, armiger ; Robertus de Teignonvilla major, tali modo quod si antedicta ecclesia antedictam summam pecunie voluerit rehabere, vet super dictam obligationem molestaretur in aliquo vel vexaretur, prenominati plegii apud Stampas, infra quatuor portas, corporalem tenebunt prisionem, donec predicte ecclesie in solidum fuerit satisfactum. Et ut ratum et stabile permaneat, presentes litteras sigilli nostri munimine duximus confirmandas. Actum anno Domini M° CC° XX° nono, mense januario.

CV.

Gautier Cornut, archevêque de Sens, ratifie la vente de la dîme, dont il est question dans la pièce précédente.

Sens, avril 1225.

De predicta decima de Teignonvilla.

Gualterius, Dei gratia Senonensis archiepiscopus, universis presentes litteras inspecturis, salutem in Domino. Universitati vestre notum facimus quod in nostra presentia constitutus Guillermus de Teignonvilla, miles, quartam partem decime sue de Teignonvilla capellanis et clericis ecclesie Beate Marie Stampensis, fide media, pro sex viginti libris parisiensibus obligavit ad voluntatem partis, que primo petierit redimendam. Johanna vero, uxor ejusdem Guillelmi, eamdem obligationem fide voluit et concessit, coram dilecto filio abbate Moriniacensi, quem ad hoc audiendum duximus destinandum, ac Petrus de

---

1. *Richarville*, canton de Dourdan, arr[t] de Rambouillet (Seine-et-Oise).
2. *Le Mesnil-Girault*, hameau de la commune de Boissy-la-Rivière, canton de Méréville, arr[t] d'Étampes (Seine-et-Oise).

Richervilla, miles, de cujus feodo eadem decima movere dicitur, dictam obligationem voluit et laudavit, fide data, in manu ejusdem abbatis cujus super hoc mandatum dedimus, quod sepe dictam decimam clericis garantiet supradictis. Hujus etiam obligationis tenende et fideliter conservande, sicut nobis constitit per litteras dicti abbatis, plegii sunt Herbertus de Pueseleo, Helyas de Corcellis[1], Gauffridus de Mansione Giraudi, milites, ac Petrus de Roussignaco[2], domicellus, qui plegii fiduciaverunt in manu ejusdem abbatis ad tenendum prisionem corporalem apud Stampas, infra octo dies post citationem ecclesie Stampensis, si ipsam vel clericos memoratos super eamdem obligationem molestari contigeret aut vexari, quousque eidem ecclesie tam supra depreditis quam expensis esset plenarie satisfactum. In cujus rei memoriam et testimonium, presentes litteras annotari fecimus, et sigilli nostri munimine roborari.

Actum anno gratie M° CC° vicesimo quinto, mense aprili[3].

CVI.

Guillaume de Tignonville ratifie la vente précédente faite par son père et sa mère. Cette ratification a lieu en présence du même Gautier Cornut, archevêque de Sens.

Sens, 7 mai 1236.

Littera de predicta decima.

Gualterius, Dei gratia Senonensis archiepiscopus, omnibus presentes litteras inspecturis in Domino salutem. Notum facimus quod in nostra presentia constitutus Guillermus de Tignonville, miles, recognovit quod pater et mater ipsius et ipsemet pignori obligarant cantori et capitulo Beate Marie Stampensis medietatem totius decime eorum de Tignonville

---

1. *Puiselet*, canton de Milly, arr[t] d'Étampes (Seine-et-Oise).
2. *Roussigny*, hameau de la commune de Limours, arr[t] de Rambouillet (Seine-et-Oise).
3. Pâques tombait le 30 mars en 1225.

pro novies viginti libris et centum solidis parisiensium[1] ad
voluntatem partis, que primo petierit redimendam; et ne in
futurum fraudarentur dicti cantor et capitulum super percep-
tionem decime memorate, fiduciaverunt in manu nostra Guillermus prenotatus, et Guillermus de Gravella, qui matrem
alterius Guillermi duxerat in uxorem; quod promittent per
servientem dictorum cantoris et capituli et per servientem
eorumdem militum super hoc dictis partibus annuatim juratos
decimam predictam colligi cum terragio, et adduci per qua-
drigas illorum, qui terragium dictorum militum adducent in
villa de Tignonville et dividi fideliter per predictos servientes,
et eadem decima reponetur in domo qua mandant eorumdem
cantoris et capituli elegerit reponendam sub eorum fide; iidem
milites promittentes quod predicta observabunt fideliter et
facient observari, et quod omnia dampna dictis cantori et capitulo restituent que incurrerent, si defficerent in predictis vel
in aliquo eorumdem. Hec autem omnia facta sunt et concessa,
salvis omnibus pactionibus, fidejussionibus, et omnibus aliis
contentis in litteris nostris et in litteris Guillelmi quondam
decani nostri christianitatis Stampensis. Nos autem, predictas
conventiones gratas et ratas habentes, ad petitionem partium
presentes litteras fecimus annotari et sigilli nostri munimine
roborari.

Actum Senonis, anno gratie Mᵒ CCᵒ XXXᵒ sexto, in vigilia As-
sencionis Domini.

CVII.

*Amortissement de la dîme ci-dessus faite par Milet
de Tignonville.*

[Étampes], 17 mai 1287.

Littera amortizationis predicte decime.

A tous ceulx qui ces présentes, Jaque Beauboucher et Ytier

---

1. Il est à remarquer qu'il y a une notable différence entre le prix
donné ici et celui qui est indiqué dans les deux pièces précédentes.

Bouvier[1], prévostz d'Estampes, et Guillaume le Ferron, garde du scel de la dite prévosté, salut en Nostre Seigneur. Sachent tuit que en notre présence en droit establi Milet de Teignonville, escuier, recongnut et aferma que Monsigneur Pierre de Richerville, chevalier au temps que il vivoyt, avoit amorti la moitié de la disme qui fut feu Guillaume de Tignonville, escuier, laquelle est séant au terrouer de Tygnonville, si comme il disoyt, au chantre et au chappitre de l'esglise Nostre Dame d'Estampes; laquelle estoyt du fief Monseigneur Pierre de Richerville, et en estoyt premier sires au temps qu'il vivoit. Lequel amortissement dessus dit le dit Milet escuier voult, octroya, agréa, sans jamès aller encontre au temps advenir, ne sans mettre, ne fère mettre nul empeschement, par raison nulle quelle qu'elle soyt au temps advenir; et [pour] que ce soyt ferme chose et estable, nous avons scellées ces lettres présentes à la requeste du dit Milet. Ce fut faict l'an de grâce mil deux cens quatrevingtz et sept, le samedi d'après l'Ascencion Nostre Seigneur.

CVIII.

Quittance d'amortissement de la dîme précédente, donnée par Agnès, femme de Pierre de Richarville.

S. l., mars 1286.

Quitancia amortizationis predicte decime.

A tous ceulx qui verront ces présentes lettres, je, Agnés, fame monseigneur Pierre de Richerville, chevalier, salut en Nostre Seigneur. Je faiz assavoir à tous que de mon bon gré et de ma bonne voulanté, sans perforcement, je vueil et octroy, ay et auray à tousjours ferme et estable la quictance et l'amortissement que nostre cher signeur devant dit feist au chantre et chappitre de l'esglise Nostre-Dame d'Estampes de dismerie que ly chantres et li chappitres dessus dit prennent chascun an au terrouer de Teignonville, et promet léalment, en bonne foy,

---

1. Ces prévôts d'Étampes ne se trouvent pas dans la liste de ces officiers publiée par M. Marquis.

comme gentil femme, que jamés, au temps advenir, contre
l'octroy dessus dit ne viendré par moy ne par aultre, ne jamés
en la dite dismerie empeschement ne mettrey, ne riens ny recla-
meré, ne ne feré reclamer par aultre pour droict de héritage
par raison de conquest, de douaire, de don fet pour nopces
de seigneurie ne par aultre raison nulle, quelle qu'elle soyt.
Mays je quitte du toult en toult à tousjours au chantre et au
chappitre dessus ditz toult le droict que je avoye ou pouroye
avoir par quelleque raison que ce fust en la dite dismerie, se
auchun droict y avoye ou pouroye avoir. En tesmoing de la
quelle chose je ay mys en ceste lettre mon scel de l'assentement
de mon seigneur dit.

Ce fut faict l'an de grâce mil cc quatre-vintz et cinq, au moys
de mars.

CIX.

*Milet de Tignonville confirme les accords précédents touchant
la dîme susdite.*

[Étampes], 11 mai 1287.

Littera de predicta decima.

A tous ceulx qui verront ces présentes lettres, Jaques Beauboucher et Ytier Bonier, prévoz d'Estampes, et Guillaume Le
Ferron, garde du scel de la prévosté d'Estampes, salut en
Nostre Seigneur. Saichent tuit que comme contractz furent
entre les chantre et chappitre de l'esglise Nostre-Dame d'Estampes d'une partie; et Milest de Teignonville, escuier, d'aultre
partie, sus une disme laquelle fut feu Guillaume de Teignonville, jadix chevalier, seiant à Teignonville et au terrouer
d'environ, de laquelle disme les devant ditz chantre et chappitre
avoyent tenu la moitié paisiblement par le passé de cinquante
et cinq ans, et de plus comme leur propre, si comme ilz disoyent
à la parfin; le devant dit Milest use de bon conseil par devant
nous au droict establi, congnut les devant dittes choses estre
vrayes, et congnut qu'il n'avoyt nul droict en la moitié de la
dite disme, ne en la proprietté, ne en la sésine d'icelle moittié,

et renonça ad ce que luy, ne hoir qu'il ayt au temps qui est advenir, puisse jamés réclamer nul droict, ne auchuu en la moictié de la dite disme, soyt de saisine ou de propriété ; lequel droict, se povoit en y avoyr, le dit Milest quitta et donna pour le salut de son âme aus devans dits chantre et chappitre à tousjours mès, et promist et gaiga le dit Milest par devant nous que jamés au temps advenir, en la dite moitié de disme riens ne réclamera ne par aultres réclamer ne fera, soyt par raison d'éritage ou d'eschoete ou de conquest ou par aultre raison quelle qu'elle soyt. Aincoys la quitta aus dits chantre et chappitre à tousjours sans jamès rappeler, et obliga le dit Milest, soy et ses biens, et ses héritiers, et les biens de ses hoirs présens et advenir à tenir toultez les choses dessus dites aux ditz chantre et chappitre, et a souzmis quant ad ce le dit Milest à la juridiction de la prévosté d'Estampes, soy et ses hoirs et les biens de ses hoirs, et toulz leurs biens devant ditz ou qu'ilz soient, à prendre et à justicier par lez prévostz d'Estampes, se il ou auchun de ses hoirs aloyent à l'encontre des choses dessus dites ; et à renuncé en ce faict à toultes exceptions de droit, de fait et de canon, à toulte fraude, malice et décepcion et à toultez aultrez excepcions qui pourroient aider au dit Milest et à ses hoirs et nuyre aus ditz chantre et chappitre. En tesmoing de laquelle chose, nous, à la requeste du dit Milest, avons scellé ces lettres présentes, sauf le droict le Roy, la Royne, du scel de la prévosté d'Estampes. L'an de grâce mil deux cens quatre-vingtz et sept, le dimanche devant l'Ascenssion Nostre Seigneur, au moys de may.

CX.

Amortissement de la dîme susdite par les seigneurs de Richarville.

[Étampes], 1285.

Littera amortizationis predicte decime.

A touz ceulx qui verront ces présentes lettres, Jaques Beauboucher et Ytier Bonnier, prévostz d'Estampes, et Guillaume Le Ferron, garde du seel d'icelle prévosté, salut en Nostre Seigneur. Saichent tuit que par devant nous en droict vindrent messires Pierres de Richerville, chevalier, et Geuffroy de Richerville, escuier, frères; congnurent que la disme qui fut feu Guillaume de Teignonville, jadix chevalier, séant à Teignonville et ou terrouer d'environ, mouvoit de eulx en fié, comme de premiers seigneurs, et y avoyent assigné les devant ditz frères, comme premiers signeurs, sy comme ilz disoyent, et l'avoyent empéchiée au chantre et au chappitre de l'esglise Nostre-Dame d'Estampes : lesquelx chantre et chappitre avoyent joy et esploitié paisiblement de la dite disme par l'espace de cinquante et cinq ans et plus; en la parfin les devant ditz deux frères, uséz de bon conseil, se pareurent quilz avoyent faict grief aux devant ditz chantre et chappitre, pour ce que avant que cil deulx frères dessus ditz assenasent à la dite disme, li chantres et chappitres dessus ditz avoyent joy paisiblement par si loncg temps, comme il est dit devant, de la dite disme et esploitié. Icil deux frères dessus ditz vouldrent et octroièrent que les dessus ditz chantre et chappitre tiegnent dorésenavant paisiblement comme leur, toulte amortie d'iceulx deux frères, comme de premiers seigneurs, la devant dicte disme, laquelle les deux frères dessus ditz promisdrent par devant nous en droict à garantir, amortie d'euz comme de premiers signeurs au chantre et chappitre dessus ditz, et à ceulx qui auront cause d'eulz toultez foiz que mestier sera en jugement et hors jugement contre toulz ceulx qui se feroyent premiers signeurs de la dite disme; et espécialement contre les hoirs d'iceulx deulz frères, et vers ceulx qui auront cause d'eulz. Et ly devant dit messire Pierres, espécialement vers Milet de Teignonville, escuier, et contre celuy Milet et contre ses hoirs.

Toultez ces choses dessus dites congnurent les deux frères dessus dits estre vrayes et les vouldrent et les octroyèrent et accordèrent par devant nous, en droict, de leur bonne vollenté, sans force, et les promisdrent et gagèrent à tenir, garder, garantir et acomplir en la manière dessus dite, sans jamés venir encontre par eulx ne par aultre. Et quant ad ces devant dictes choses ainssy enteriner, li deulz frères dessus ditz ont obligé au chantre et au chappitre dessus ditz, et à ceulx qui auront cause d'eux; et ont soubzmis quant ad ce à la juridicion de la prévosté d'Estampes eulz et leurs hoirs, et touz leurs biens meubles et immeublez, présens et advenir, ou qu'ilz soyent veuz ou trouvéz, renonçant en ce faict à toulz priviléges de croiz, prinse, et à toulte excepcion de fraude et de decevance, à toulte aide de droict, et de droict et de faict; à condition sans cause, à toultez voiez, raisons et allégacions qui pourroient estre ditez ou obicées contre ces présentes lettres : lesquelles nous, à la requeste des deuz frères dessus diz, scellasmes du scel de la prévosté d'Estampes. L'an de grâce mil deux cens quatre vingtz et cinq.

CXI.

Jehan de Boutervilliers et Agnès de Richarville, sa femme, font un nouvel accord avec le chapitre de Notre-Dame d'Étampes au sujet de la dîme de Tignonville.

[Étampes], 28 février 1326.

Littera de decimis predictis.

A tous ceulx qui verront ces présentes lettres, Nicolas Le Camus, prévost d'Estampes, et Jehan Le Teinturier, garde du scel d'icelle prévosté, salut. Saichent tuit que par devant nous en droict jugement vindrent en leurs propres personnes monseigneur Jehan de Boutervilliers[1], chevalier, d'une part, et madame Agnès de Richerville, sa femme, d'aultre part, lesquelx plaidoyent et avoyent plaidié lonc temps au chantre et chappitre Nostre-Dame d'Estampes pour cause des dismes de Teignonville; lesquelles dismes les dits chevalier et dame disoient qu'ellez mouvoient de eulx en fié, comme premiers

---

1. Boutervillier, commune du canton d'Étampes (Sene-et-Oise).

signeurs, et les dits chantre et chappitre disoient au contraire
que ilz les tenoient toultes amorties de Monseigneur Pierre de
Richerville et de Geuffroy, son frère, desquelx la dite dame
Agnès est héritier et héritière; et disoient encore que Madame
Agnès, mère de la dite Madame Agnès dessus dite, avoit quitté
aus dit chantre et chappitre les dismes dessus dites, et avoit
eu le dit amortissement agréable; desquelx amortissemens et
quittances il apparut souffisamment aus dits monseigneur
Jehan et Madame Agnès, sa femme, par bonnes lettres scellées
du scel de la prévosté d'Estampes, et du scel de Madame
Agnès, mère de la dite Madame Agnès dessus dite, si comme
ils disoient. Et pour ce qu'il apparut aus dits monseigneur
Jehan et Madame Agnès, sa femme, les dits amortissemens et
quittances estre justement et léalment faitz, ilz se délessérent
et délessent de la poursuite que ilz faisoient aus dits chantre et
chappitre des dismes dessus dites toult à plain, et renuncèrent
à toult le procès que ilz avoyent faict pour celle cause. Et ont
et auront, c'est assavoir, le dit chevalier en sa personne et la
dite Madame Agnès, sa femme, de l'auctorité du dit monseigneur Jehan, son signeur, à luy donnée par devant nous, les
dits amortissemens et quittances faictz par leurs devanciers,
dont ilz ont cause, comme dessus est dit, fermes et agréables
sans jamés venir encontre. Et promisdrent et gaigèrent les
dessus ditz monseigneur Jehan et Madame Agnès, sa femme
dessus dite, chacun pour le toult sans division que jamés au
temps advenir, contre les choses dessus dites, ilz ne vendront
ne venir ne feront, par eulx ne par aultre, par raison nulle ou
cause quelle qu'elle soyt. Aincoys les tiendront fermement,
garderont et acompliront des orez en avant envers toulz et
contre toulz, en toulx lieux et par tous lieux, en jugement et
hors jugement, aux us et aux coustumez du pays, et rendront
et paieront toulz les coustz, mises, dommages, despars, despens qui seront faictz et soubztenuz par deffault des choses
dessus dites non acompliez; sur lesquelx le porteur de ces
lettres sera creu par son simple serment, sans aultre preuve
faire. Et quant à faire tenir, garder, entériner et acomplir les
choses dessus dites en la manière que dessus est dit, les dits

Monseigneur Jehan et Madame Agnès sa femme, de l'auctorité dessus dite, en obligèrent chacun pour le toult sans division, et sousmidrent à la juridiction de la prévosté d'Estampes, eulx et leurs hoirs, et tous leurs biens et les biens de leurs hoirs, meublez et non meublez, présens et advenir, ou que ilz soyent veuz et trouvéz à vendre et à despendre, à tel sur telle vente, sans abandonnement et sans quarantène attendre pour les choses dessus dites acomplir, se deffault y avoyt en toult ou en partie, en la manière que dessus est dit, renunçant quant ad ce à toultez grâces, à toulx priviléges donnéz et à donner, à toulx us et coustumez, establissemens de pays et de lieu, au bénéfice de division, à toult droit escript et non escript, ou privilége de croiz prinse et à prendre, et à toultes aultres allégations, cavillacions, baraz¹ et deffenses de faict et de droict que pourroient estre dictez ny alleguéez contre la teneur de ces présentes lettres, et au droict qui dit genéral renonciacion non valloir. En tesmoing de laquelle chose, nous, à la requeste des ditz monseigneur Jehan et Madame Agnès sa femme, avons mis en ces lettres le seel de la dite prévosté. L'an de grâce mil ccc vint et cinq, le jeudi après les Brandons².

CXII.

Louis IX, roi de France, augmente les honoraires du chapelain qui dessert la chapelle du château d'Étampes.

Dourdan³, avril 1255.

Littera augmentationis et fundationis jurium cappelle Beati Laurentii de castro Stampensi.

Ludovicus, Dei gratia Francorum rex. Notum facimus universis tam presentibus quam futuris, quod quum cappellanus

---

1. Ce mot signifie *fraudes*.
2. *Les Brandons* désignaient au moyen âge le premier dimanche du carême.
3. Dourdan, canton de l'arrondissement de Rambouillet (Seine-et-Oise).

qui cappellam castri Stampensis deservit in prepositura nostra Stampensis perciperit annuatim in festo Omnium Sanctorum sexaginta solidos parisienses pro roba, et quadraginta solidos pro luminari, et viginti octo sextaria bladi in granchia nostra Stampensi, nos, attendentes predicto capellano, de victu minus sufficienter ex hiis esse provisum, in augmentationem ejusdem victus, damus eidem cappellano, quicumque pro tempore in capella predicta deservierit quatuor libras parisienses annui redditus, in festo Ascensionis dominice, percipiendas annuatim in prepositura predicta; volentes et precipientes ut quicumque pro tempore preposituram nostram Stampensem tenuerit, dicto cappellano jamdictas quatuor libras parisienses una cum alio redditu, centum solidorum parisiensium, in dictis terminis, sine difficultate persolvat. Quod ut ratum permaneat in futurum, presentes litteras sigilli nostri fecimus impressione muniri.

Actum Dordano, anno Domini M° ducentesimo quinquagesimo quinto, mense aprili.

CXIII.

Vidimus, par l'officialité de Paris, de la charte de fondation de la chapelle Saint-Laurent au château d'Étampes.

Paris, 17 février 1275.

Vidimus de la chartre de la fondation de la chappelle Sainct Laurens[1], fondée au chastel d'Estampes.

Universis presentes litteras inspecturis, officialis curie parisiensis, salutem in Domino. Notum facimus quod nos, anno Domini M° ducentesimo septuagesimo quarto, die sabbati post Cineres, litteras inferius annotatas vidimus in hec verba :

In nomine Sancte et Individue Trinitatis. Ego Ludovicus, Dei gratia Francorum rex, notum fieri volo cunctis fidelibus tam futuris quam et instantibus, quod canonicis Beate Marie

---

1. Comme on le voit par cette charte, la chapelle du château d'Étampes fut fondée en 1124 par le roi de France, Louis VI, dit le Gros.

Stampensis ecclesie et presentibus et futuris domus nostre cappellariam, jure perpetuo habendam et optinendam et donamus et concedimus; ita quod in quatuor uniuscujusque ebdomade diebus : die videlicet dominica, et die lune, et die mercurii, et die veneris, in cappella domus nostre pro animabus predecessorum nostrorum et peccatorum nostrorum remissione missam cantori faciant, et Deo et nobis serviant. Et sacerdos qui ib icantabit diebus illis quibus nos, vel uxor nostra, vel filius noster, ibi erimus de domo nostra liberationem habebit, et in dispositione canonicorum erit, ut quem voluerint sacerdotem ibi cantare faciant. Nec presbiter aliquis nisi per eas ibi unaquaque cantabit; quod enim ne valeat oblivione deleri scripto commandavimus et ne possit a posteris infirmari sigilli nostri auctoritate et nominis nostri caractere subterfirmamus. Actum Parisius publice, anno Incarnationis Verbi Mo Co xxo quarto, regni nostri decimo septimo. Astantibus in palatio nostro quorum nomina subtitulata sunt et signa. — Signum Stephani Dapiferii. — S. Gilberti Buticularii. — S. Hugonis Constabularii. — S. Alberici Camerarii. — Data per manus Stephani cancellarii. Transcriptis autem hujusmodi fecimus sub sigillo curie parisiensis; salvo jure cujuslibet[1]. Datum anno et die supradictis. Allanus. Collatio facta est.

CXIV.

Sentence de l'officialité de Sens en faveur du chantre et des chanoines de Notre-Dame, qui consacre leur droit de nom-

1. Fleureau a donné la charte de fondation à la page 346 de son ouvrage. Il ne veut pas que cette chapelle Saint-Laurent fût dans le château d'Étampes, mais dans le palais du Séjour, qui sert aujourd'hui de tribunal et de caserne de gendarmerie à la ville d'Étampes. Cf. Fl., p. 346 et 347. — « En entrant dans la cour de la caserne de gendarmerie à Étampes, on voit encore les restes d'une ancienne chapelle. » Cette opinion de Fleureau me parait insoutenable, si on lit la charte précédente du roi saint Louis, qui dit formellement que la chapelle dont il augmente le revenu était située dans le château d'Étampes : *Capella castri Stampensis*. Cette opinion de Fleureau était d'ailleurs contraire à la prétention des chanoines de Notre-Dame, et aux droits qu'ils exerçaient sur la nomination du chapelain.

mer le chapelain de la chapelle Saint-Laurent du château
d'Étampes.

S. l. n. d. (vers 1395).

Sententia quomodo cantor et capitulum Beate Marie habent
jus conferendi capellam Beati Laurentii de castro Stampensi.

In nomine Domini amen. Universis presentes litteras seu
presens publicum instrumentum inspecturis officialis Senonensis, salutem in Domino. Notum facimus quod in quadam
causa beneficiali de et super capellania perpetua Beati Laurentii in castro Stampensi, Senonensis diocesis situata, et fundata, olim mota coram venerabili et discreto viro officiali
Aurelianensi, judice et exequatore cujusdam gratie apostolice,
discreto viro Petro Hue[1], clerico bachalario in legibus Aurelianum studenti, dudum facte, de beneficio ecclesiastico cum
cura vel sine cura spectante communiter vel divisim ad collationem, provisionem, presentationem seu quamvis aliam dispositionem venerabilium virorum cantoris et capituli ecclesie
collegiate Beate Marie de Stampis, Senonensis diocesis : inter
dictum Petrum Hue, actorem ex una parte, contra dominum
Johannem Chaumereau presbiterum dicte cappellanie, deten-
torem reum ex parte altera.

Pro parte dicti cantoris pridem fuit propositum quod, quan-
quam idem actor dictam cappellaniam Sancti Laurentii in castro
Stampensi tunc vaccantem per obitum domini Guillelmi Garnier, vigorem gratie apostolice sibi facte acceptasset, infra
tempus debitum sibique collata fuisset debite et provisum
esset de eadem, nihilominus dictus reus dictum actorem in
adipiscenda pacifica possessione ejusdem cappellanie pertur-
baverat ac etiam impediebat, quominus dictus actor possessione dicte cappellanie potiri non poterat; exhibuitque dictus
actor litteras apostolicas super dicta gratia facta confectas,

---

1. Voir ce que dit Fleureau de ce Pierre Huë et de sa famille, p. 354
de son ouvrage. Pierre Huë occupa la dignité de chantre de Notre-Dame
jusque vers 1420.

processus inde secutos ac etiam litteras acceptationis et collationis de dicta cappellania eidem actori factas.

Deinde fuerunt pro parte dicti rei contra dictum actorem et exihibita per eumdem quedam rationes proposite ac in scriptis tradite sub hac forma :

Hec sunt rationes quas proposuit coram vobis domino officiali judice unico, a Sancta Sede apostolica deputato, dominus Johannes Chaumereau, presbiter cappellanus perpetue cappellanie Sancti Laurentii site in castro Stampensi, Senonensis diocesis, reus contra Petrum Hue, Aurelianensem scolarem, et gratiam sibi factam, ut dicitur in rotulo venerabilis et fructiferi studii Aurelianensis, ad collationem cantoris et capituli ecclesie collegiate Beate Marie de Stampis dicte Senonensis diocesis, ad finem quod per vos, et sententiam, judicium seu pronunciationem ditatur et pronuncietur, dictum Petrum Hué nullum jus habere in eadem; ymo quod indebite et injuste et contra rationem dictum Johannem Chaumereau impedivit, impedit et cothidie impedire nititur in sua canonica possessione; et ob hoc per vos condempnetur, pronuncietur et compellatur ad desistendum ac cessandum ab omni impedimento tam super proprietate quam super possessione cappellanie predicte et omnium singularium pertinentium suarum, et ad expensas dicti rei, et ad omnem finem debitum et canonicum per vos fieri causis et rationibus que sequntur.

Et primo ita est quod dicta cappellania Sancti Laurentii non potest cadere in gratia ipsius actoris, quia Dominus comes de Stampis de novo fundavit eam, et sibi jus patronatus, quandiu vitam duxerit in humanis (reservavit), modo dictus dominus comes adhuc vivit, quare et ita.

Item ratione nequit cadere ipsa cappella in gratia ipsius, quia fundator ipsius voluit et ordinavit quod quicumque obtineret ipsam, quod promoveretur infra annum, a tempore possessionis pacifice habite, modo dictus actor tempore gratie sibi facte non habebat etatem legitimam, posito sine prejudicio, quod cadere posset in gratia ipsius, quod non facit, quare et ita.

Item dictus impetrans ipsam cappellaniam infra tempus

debitum et limitatum non acceptavit, posito quod caderet in gratia ipsius, quod non facit, quare et ita.

Item ad dictum dominum pertinet provisio, collatio, institucio ac omnimoda dispositio prebendarum dicte ecclesie collegiate Beate Marie de Stampis, nec aliquis alius potest disponere seu ordinare de ipsis, mortuo aliquo canonico prebendato, nisi ipse vel alius de speciali ejus mandato, sed sic est, quod capella predicta Sancti Laurentii vacavit per mortem deffuncti domini Guillelmi Garnier presbiteri, quondam cappellani ipsius, qui ab anno citra viam universe carnis ingressus est, quo mortuo, dictus dominus comes eam contulit dicto reo, vel nomine ipsius, super hoc speciale mandatum habens, nec immerito; quia si potest conferre prebendas, quod est majus, ergo quod minus est, quare et ita.

Item quod ad predictam cappellaniam sic vaccantem fuit canonice institutus ac intronizatus in ipsam, adhibitis sollempnitatibus in talibus fieri assuetis, reali et corporali possessione ipsius habita.

Item Benedictus summus Pontifex modernus[1] unam constitutionem ab anno citra fecit, in qua continetur, quod si aliquis habeat gratiam expectativam ad collationem aliquorum prelatorum, et continguat vaccare aliquod beneficium ecclesiasticum cum cura vel sine cura, quod Ordinarius potest ordinare et disponere ad sue libitum voluntatis de ipsis, nisi impetrans insinuaverit suum processum Ordinario infra mensem computandam, a tempore vaccationis notitie beneficii. Sed sic est quod dictus actor acceptavit cappellaniam predictam, ut dicitur, infra tempus minime ordinatum a jure, et posito quod fecerit infra ipsius ordinatum a jure, quod negatur, tamen hoc fecit sine suis bullis et sine processu insinuato Ordinario, quod non potuit facere, quare et ita.

Item quod premissa omnia et singula vera sunt, notoria et manifesta, eaque concessus est dictus actor fore vera, presente dicto reo et alio.

Coram bonis hiis igitur et aliis rationibus quatenus suppleat

---

1. Il s'agit de l'antipape Pierre de Lune, qui prit le nom de Benoît XIII, et qui fut élu par les cardinaux d'Avignon en 1394.

discretio judicantis, dicit dictus reus eaque presens et ad finem seu fines quos presens et alius ad omnem finem debitum et canonicum, petens has rationes admitti et super hiis interloqui jus et justitiam sibi fieri, reddi et canonice provideri, offerens se legitime probaturus de premissis ea solum que facti sunt et in facto consistunt, officium vestrum implorans in hiis in quibus de jure fuerit implorandum.

Postea vero fuerunt pro parte dicti actoris quedam rationes seu replicationes contra dictum reum in scriptis tradite per hunc modum :

Hec sunt rationes et facta quas et que dicit et in jure proponit coram vobis domino officiali Aurelianensi judice et executore unico, a Sede apostolica deputato, gratie apostolice per dominum nostrum Benedictum Papam modernum facte Petro Hue clerico, Aurelianum studenti, de beneficio ecclesiastico cum cura vel sine cura, etiam si canonicatus et prebenda vel officium ecclesie Beate Marie de Stampis foret ad collationem, provisionem, presentationem seu quamvis aliam dispositionem cantoris et capituli singulorumque canonicorum et personarum ecclesie predicte communiter vel divisim pertinentem, siquidem tempore sue gratie dicte vaccabat vel quam primum vaccaret, quod dictus Petrus per se vel per procuratorem suum ad hoc legitime constitutum infra unius mensis spatium, postquam sibi vel eidem procuratori vacatio illius innotesceret, duceret acceptandum et ita ut in litteris apostolicis super hoc confectis, idem Petrus actor contra dominum Johannem Chaumereau ad finem per vos pronuncietur et declaretur cappellaniam Sancti Laurentii in castro de Stampis, Senonensis diocesis, in honore dicti Sancti fundatam, cum omnibus juribus et pertinentibus ejusdem ad dictum Petrum actorem ante dictum, spectare et pertinere et quod per vos inducatur et induci decernatur in perpetuis, realem et corporalem possessionem, et inde amoveatur dictus reus et expellatur tanquam illicitus detentor sibique in perpetuum imponatur super hoc silentium, non obstantibus quibuscumque rationibus ex parte ipsius rei ; propositisque per vos aliquatenus non admittantur nec admitti debent, nec ipsi reo valere, et a prepositis repellatur. Idem reus, salvis expensis, ipsius actoris in quibus dictus reus condempnetur, et alius ad omnem finem debitum et canonicum quem petit dictus actor, per vos sibi fieri causis et rationibus que sequntur.

Et primo dicit dictus actor quod dictus Benedictus summus Pontifex et Papa modernus ipsi actori fecit, dedit et concessit gratiam expectativam de beneficio ecclesiastico cum cura ve sine cura ad collationem dictorum cantoris et cappituli singulorumque canonicorum ecclesie predicte in rotulo universitatis studii Aurelianensis sub data x° kalendas novembris, pontificatus sui anno primo, quod duceret acceptandum ut supradictum est, dum tamen fructus, redditus et proventus, si cum cura, quadraginta librarum, vel si sine cura, triginta librarum [turonensium] parvorum secundum taxaxionem decime, valorem annuum non exedant.

Item quod vobis dicto domino officiali executionem dicte gratie commisit, voluitque quod post acceptationem hujusmodi beneficii cum omnibus juribus et pertinentibus suis, illud auctoritate apostolica donationi vestre reservaretis, inhibendo dictis cantori et capitulo singulisque canonicis, ne de hujusmodi beneficio interim, etiam ante acceptationem eamdem, disponere quoquo modo presumerent cum pluribus aliis clausulis, ut in litteris apostolicis plenius continetur, quas cum processibus inde secutis ad suam intentionem fundandam producit, et coram vobis in judicio deducit.

Item quod dictus actor, tempore gratie erat unus studens in dicto studio in facultate legum, et in quarto anno audiendi leges hujusmodi.

Item quod dicta cappella Sancti Laurentii, in dicto castro in honore dicti Sancti fundata, ultimo vaccante per mortem domini Guillelmi Garnier cappellani ejusdem.

Item quod dictus dominus Guillelmus, tempore quo vivebat, et a tempore sue institutionis in eadem usque ad extremum vite sue exitum, fuit verus cappellanus dicte cappelle, et in bona ipsius vera et pacifica possessione, omniumque jurium et pertinentium ejusdem.

Item quod dictus Guillelmus decessit ab humanis post

sextam diem mensis aprilis et ante sextam diem maii, pontificatus dicti domini nostri Pape anno primo, anno Domini мᵒ trecentesimo nonagesimo quinto.

Item quod dictus actor, mortuo dicto Guillelmo Garnier, dictam cappellam vaccantem per ipsius domini Guillelmi mortem acceptavit, cum omnibus ipsius cappelle juribus et pertinentibus, et hoc die sexta mensis maii anni predicti.

Item quod dicta cappella spectat ad collationem, et pertinet ad presentationem, provisionem, seu quemlibet aliam dispositionem dictorum cantoris et capituli singulorumque canonicorum communiter vel divisim; nec expedit taxam predictam videlicet triginta librarum turonensium parvorum, ymo nec viginti, secundum taxationem decime; fueruntque in possessione vel quasi juris conferendi dictam cappellam cum omnibus juribus et pertinentibus ejusdem, quotienscumque vacavit, seu vaccare quoquo modo contingit, etiam a tanto tempore quod de contrario hominum memoria non existit; salva tamen dispositione apostolica et sic attentis predictis cadit et comprehenditur sub gratia dicti actoris, et ob hoc sibi fecit per vos executorem dicte gratie, de dicta cappella cum omnibus juribus et pertinentibus provideri, et sic in ea jus habet, et ad ipsum actorem spectat et pertinet vigorem gratie apostolice sibi facte, et non ad dictum reum; nec obstant rationes dicti rei. Primo non obstat quando dicitur quod dominus comes.

Paraphé le présent registre appellé le *Répertoire* du chapitre de l'église Notre-Dame d'Étampes, tiré de leur trésor littéral en nostre présence; contenant soixante-six feuillets écrits, commençant par ces mots : *Quomodo clerici Sancte Crucis habent corrigi per capitulum Beate Marie*, et finissant par eux : *dicitur quod dominus comes*. Dans lequel présent répertoire, page 35 verso, on a trouvé une collation faite par Dodier, le Maroublier, notaires, de l'acte cy après. Le tout fait à la réquisition des sieurs du chapitre, par Charles Le Vassor, notaire royal et principal tabellion des ville et duché d'Estampes. On a signé le vingt-quatre avril mil six cent quatre-vingt-douze.

Le Vassor.

APPENDICE

---

*Résumé de l'arrêt du Parlement, en date du 23 janvier 1572,
terminant les difficultés qui existaient entre les chanoines
et les chapelains de l'église Notre-Dame d'Étampes.*

[Des sentences du bailli d'Étampes[1], en date des 20, 27 et
31 août, et 7 septembre 1554, ayant tranché en faveur des
chapelains certaines difficultés qu'ils avaient avec les chanoines,
ces derniers, qui déjà avaient à se plaindre d'autres sentences
rendues par d'autres juridictions, notamment par l'Officialité
de Sens, interjetèrent appel le 23 janvier 1555[2].

Les chanoines exposent que l'église Notre-Dame d'Étampes,
fondée par le roi Robert en 1022, comprenait alors onze
bénéfices : un chantre, supérieur de la communauté, et des
chanoines[3]. En 1231[4], les revenus de l'église s'étant considé-

---

1. Le bailli d'Etampes devait être à cette époque Nicolas de Herbelot,
sieur de Ferrières, qui fut à la fois bailli et gouverneur d'Étampes. — Le
lieutenant du bailli était alors Jean Cassegrain, d'une famille dont plusieurs membres exercèrent des fonctions publiques à Étampes. Les Cassegrain se montrèrent presque toujours favorables aux chapelains contre les
chanoines dans la longue querelle qui divisa le clergé de Notre-Dame.

2. Les mandataires des chanoines étaient messire Toussaint Marchant,
dont la qualité n'est pas indiquée, et messire Lubin Chausson, chanoine.
Quant aux chapelains qui étaient assistés par Anseaulme Corbillon,
Jehan Paris et Jehan Pichon, sergents royaux, ils devaient être au nombre
de dix-sept, mais dix seulement sont nommés : Pierre des Monts ; — Pierre
Reclardy ; — Symon Charbonnier ; — Nicolas Vannier ; — Lyphard Le-
gendre ; — Symon le Jeune ; — Laurent Boitron ; — Jacques Blaize ; —
Jehan Paris ; — et Joseph Guichard, chapelains de la dite église.

3. Cet exposé n'est pas tout à fait exact, car au commencement le supérieur de la communauté établie à Notre-Dame fut un abbé, qui jouissait
d'un certain nombre de prérogatives enregistrées par Fleureau, p. 291.
Plus tard, les rois se réservèrent cette dignité qui passa ensuite aux
comtes d'Étampes.

4. Une note dit 1332, ce qui paraît plus en harmonie avec le texte du

rablement accrus par les libéralités de plusieurs rois et *aultres bons et dévôts personnages*, on créa dix-sept titres nouveaux[1], un pour le diacre, un pour le sous-diacre et quinze pour des chapelains. Cet état de choses subsista jusque sous le règne de François Ier, qui supprima l'une des prébendes de chanoine pour en affecter le revenu à l'entretien des enfants de chœur de l'église[2].

A cette époque, ajoutent les chanoines, *les affaires de la dicte église, tant pour le regard du temporel que du spirituel du dict chapitre, sont traitées, sans ouyr ne appeller les dicts chappellains; faire baulx à ferme de tout le revenu de la dicte église, instituer les juges et aultres officiers de la justice, greffiers, sergens et bedeaulx; instituer ou destituer telles personnes que bon leur sembloit, pour distribuer les mereaux[3] en plomb dedans le chœur de la dicte église aux bénéficiers et habitués en icelle; de pouvoir contraindre les dictz chappellains et chacun d'eux d'assister à touttes les heures canonialles qu'ils dient par chacun jour en la dicte église sans prendre par les dictz chappellains aultres attributions que celles qui sont ordinaires.*

Enfin, les chanoines prétendaient avoir droit de conférer les chapelles, de régler les distributions, etc., etc.

Au mois de juin 1554[4], les chapelains ayant contesté les

---

mémoire. Mais j'incline à croire que la vraie date est bien 1231. Fleureau parait même vouloir faire remonter la création des chapelains à une date antérieure, et il a raison.

1. Cette allégation des chanoines était fausse; il y avait dans leur Cartulaire lui-même plusieurs documents qui prouvaient sa fausseté.

2. Fleureau dit que cette suppression eut lieu en 1529. — V. Fl., p. 301.

3. Sorte de jetons de présence qui se distribuaient à la fin de l'office. Comme on le voit, à Étampes, ces jetons étaient en plomb.

4. Ce n'était point la première fois que les chapelains et les chanoines de Notre-Dame étaient en désaccord, puisqu'en 1306 l'archevêque de Sens était intervenu entre eux par une sentence qui tendait à ramener l'union dans la communauté; et qu'en 1474 le prévôt de Paris avait rendu à son tour une sentence en faveur des chanoines. Fleureau parle même de différends survenus entre eux au temps du roi Philippe-Auguste, c'est-à-dire bien avant la date que les chanoines assignaient à la fondation des chapelains.

droits des chanoines, obtinrent contre eux, du bailli d'Étampes, plusieurs sentences en vertu desquelles ils firent saisir les biens de leurs adversaires[1].

Après cet exposé, les chanoines discutent point par point les prétentions des chapelains, prétentions qui ne tendaient rien moins qu'à mettre ces derniers sur un pied d'égalité complète et totale avec les exposants. Les chapelains, en effet, négligeaient d'assister au chœur; ils prétendaient avoir, dans les distributions, des parts égales à celles du chantre et des chanoines, et avoir, au chapitre, voix délibérative dans les élections, ainsi que dans les autres affaires concernant la communauté et le domaine temporel de l'église Notre-Dame. En outre, ils rappellent : 1º qu'une fondation faite, en 1477, par Me Jehan Isaac[2], doyen en la faculté de théologie de Paris, grand doyen de Sens, natif d'Étampes; 2º qu'un concordat fait, en 1306, par l'archevêque de Sens[3], un arrêt du Parlement de 1474[4], et plusieurs sentences du prévôt de Paris avaient déjà essayé de rétablir la paix entre les chanoines et les chapelains; 3º qu'enfin, le titre d'abbé n'était pas tout à fait éteint, puisque Jean de Foix, comte d'Étampes, avait été, en janvier 1507, abbé de Notre-Dame[5].

La Cour, résumant les dires des parties, mentionne une fon-

---

1. Au milieu des prétentions exagérées, affichées par les chapelains, il y a un fait important à noter : c'est qu'au xvie siècle, il y avait dans l'église de Notre-Dame, outre les chanoines et les chapelains, des *vicaires*. Et comme il n'y avait pas de bénéfices créés pour ceux-ci, les chapelains demandaient à ce que les vicaires fussent payés par les chanoines. — L'arrêt du Parlement est le seul document où l'existence de cette troisième catégorie d'ecclésiastiques soit bien et dûment constatée, ainsi que la situation qui leur était faite.

2. Celui-ci fonda en effet un salut à Notre-Dame d'Étampes.

3. Cet archevêque était Étienne Bequart (1292-1309). Le texte de ce concordat n'a point été inséré dans le Cartulaire, et sa valeur fut contestée par les juges.

4. Cet arrêt était signé par un conseiller du nom de *Bellefage*, et l'autorité de cet arrêt fut écartée par les juges.

5. Mais on voit par l'explication qu'ils donnent que le titre d'*abbé* était appliqué au collateur des prébendes; et de plus qu'après Jean de Foix, la collation des prébendes fut réservée au chapitre lui-même.

dation faite par un habitant d'Étampes, Plume, établit que le chapelain qui faisait fonction de diacre était en même temps curé de la paroisse¹, et rappelant enfin une sentence rendue en 1487 contre les chapelains, déboute ces derniers de leur prétention d'être les égaux des chanoines de Notre-Dame, et les condamne aux dépens²].

1. C'est ce personnage qui, après avoir passé inaperçu pendant de longues années, vit sa situation grandir peu à peu jusqu'à la fin du xviie siècle et finit par devenir, pendant le xviiie siècle, presque l'égal du chantre avec qui il fut souvent en lutte.

2. Une partie de cet arrêt a été publiée par Fleureau.

TABLE

---

1. Nous avons trouvé cette autre forme de ce lieu dit dans un document de juin 1404 (*Archives nationales*, J. 159, no 12), mais la véritable forme est *Buval*, qu'on retrouve encore aujourd'hui sur le cadastre de la commune d'Etampes.

F

Farcheville, commune de Bouville (Seine-et-Oise), lieu, 101.

Farperii ou *Ferpeni (Johannes)*, chapelain, 23, 69.

Félix Oudinet, tabellion juré à Etampes, 67.

Ferentino (Italie), charte datée de ce lieu, 123.

Ferron (Guillaume le), garde du scel de la prévôté d'Etampes, 130, 131, 133.

Ferry (Alcaume), garde du sceau de la prévôté d'Etampes, 85.

Ferry de Tretinville, 86, 87.

Ferry Pâté, maréchal de France, 116, 117.

Fleureau (Dom B.), cité, 1-3, 5-6, 8-12, 18, 19, 24-27, 37-39, 56, 57, 62, 64, 68, 84, 97, 99, 105, 113-115, 122, 126, 138, 139, 145-148.

Foire (Droit de), à Etampes, 12.

Foix (Jean de), comte d'Etampes, 52, 147.

Fondations, 24, 25, 38.

Fontainebleau (Seine-et-Marne), charte datée de ce lieu, 1.

Fontanis (Bernardus de), 23.

Foresta (Guillelmus de), 28.

Fosse-Boucher (la), lieu dit, 40.

Foucault (Jean), prieur de Framée en Berry, 52.

Foudrier (Michel), prévôt d'Etampes, 95.

Fourquant (Jean), 105.

Framée, prieuré, hameau de Brinon-sur-Sauldre (Cher), 52.

François Ier, roi de France, 146.

François Gaudion, prêtre à Saint-Samson d'Orléans, 52.

François Rogier, 52.

Fravilla (Ansellus et *Guillelmus de)*, chevaliers, 86, 87.

Fresne (J. Laurens, sieur du), 84.

Frogerius Catalaunensis, 69.

Fulco, chanoine, 68.

G

Gaalle (Jean), 112.

Galeranus, chapelain, 28, 29, 33.

Garnier (Guillelmus), 139, 141-144.

Garnier (Martinus), bénéficier de Notre-Dame d'Etampes, 77.

Gaudion (François), prêtre à Saint-Samson d'Orléans, 52.

Gauffridus de Mansione Giraudi, chevalier, 128.

Gauguin (Pierre), prêtre à Saint-Samson d'Orléans, 52.

Gaultier (Etienne), laboureur, 92, 93.

Gautier Cornut, archevêque de Sens, 7, 12, 30, 127, 128.

Geoffroy de Richarville, écuyer, 133, 135.

Gervaise (Adam), 55.

Gervaise du Tertre, tabellion juré à Etampes, 95.

Gilbert Bloiont, 10.

Gilbert Deleton, 55.

Gilbertus, bouteiller de Louis VI, roi de France, 138.

Gilla, femme de Jaquelin Célerier, 97, 98.

Gilles (Pierre de), procureur fiscal du comte d'Etampes, 84.

Gilles Boisminart, 105, 107.

Gilles Boisseau, lieutenant du bailli d'Etampes, 66, 68.

Gilles. Voy. *Egidius* et *Gilo*.

Gillet Bartier, 112.

Gillet Carrillon, 55.

Gillet Ligier, 100.

Gillet Soreau, 112.

Gilo de Rivo profundo, chevalier, 116, 117.

Giraldus, chanoine, 68.

Girardus, chanoine, 68.

Gloteli (Dionisius), clerc du diocèse de Paris, 77.

Godfridus, prêtre, 69.

Goffridus de Magnilio Giraudi, chevalier, 127.

Gravella (Guillermus de), 129.

Gras (Simon Le), abbé de Morigny, 99, 111, 113.

Graville (Louis de), amiral de France, 53, 54.

Grégoire IX, pape, 5, 27.

Gregorius, chanoine de Paris, 29, 30, 33.

Grenée (Matheus), 24.

Grimileti (Johannes), prêtre, 107, 114.

Guibeville, lieu, canton d'Arpajon (Seine-et-Oise), 89, 90, 93.

Guichard (Joseph), 145.

Guillaume Chevallier, 100.
Guillaume Le Bel, 118.
Guillaume Le Ferron, garde du sceau de la Prévôté d'Etampes, 130, 131, 133.
Guillaume d'Outarville, 55.
Guillaume Sévin, prieur de Saint-Samson d'Orléans, 52-55.
Guillelmus, dit aux Blanches-Mains, archevêque de Reims, 6.
Guillelmus de Meleduno, archevêque de Sens, 21, 78, 81.
Guillelmus, abbé de Morigny, 105, 110, 111.
Guillelmus Meniarius, châtelain d'Etampes, 121.
Guillelmus, doyen d'Etampes, 129.
Guillelmus, doyen du Gâtinais, 117.
Guillelmus, chantre de Notre-Dame d'Etampes, 8, 33-35, 98.
Guillelmus, chantre de Sainte-Croix d'Etampes, 32.
Guillelmus de Bardiers, chevalier, 87.
Guillelmus de Bolunvilla, chevalier, 85-87.
Guillelmus de Chandoux, fils de Richard, 120.
Guillelmus de Foresta, 28.
Guillelmus de Fravilla, chevalier, 86.
Guillelmus de Tignonvilla,, chevalier, 126, 128, 129, 131, 133, 134.
Guillelmus Parvi, chapelain de Notre-Dame d'Etampes, 28, 29, 33, 34.
Guillelmus Roboli, chevecier de Notre-Dame d'Etampes, 23.
Guillelmus Salomonis, 23.
Guizot (M.), cité, 126.
Guy Blanchart, 99, 100.
Guy Comlet, 37.
Guy des Noyers, archevêque de Sens, 64.
Guyot Delorme, 100.
Guyot Panneau, 100.

H

Haies (Pierrot des), 95.
Harcherii (Simon), 24.
Haye-Boinville (la). Voy. Boinville.
Hazèle, lieu dit près d'Etampes, 87-88.

Hébert, 101.
Helias de Corcellis, chevalier, 128.
Hémard, scribe, 36.
Hémont, chapelain, 77.
Henri Ier, roi de France, 19, 56, 68.
Henri Sanglier, archevêque de Sens, 18.
Henricus de Bolunvilla, chevalier, 85-87.
Henricus Nauberti, 67.
Herbelot (Nicolas de), gouverneur d'Etampes, 145.
Herbertus de Pueseleo, chevalier, 118.
Hervy de la Coste, tabellion à Etampes, 92.
Heuse (Terroir de la), près d'Etampes, 40.
Hilduinus, chanoine, 68.
Hôtel-Dieu d'Etampes, 18, 25.
Huë (Ferry), bourgeois d'Etampes, 46, 102.
Huë (Jean), curé de Saint-Basile d'Etampes, 20.
Huë (Pierre), chantre de Notre-Dame d'Etampes, 139-142.
Hugo, connétable de Louis VI, roi de France, 138.
Hugo, curé de Saint-Basile d'Etampes, 24.
Hugo, doyen de Sainte-Croix d'Etampes, 7.
Hugo, frère de *Petrus Airardi*, 68.
Hugo Bardulfus, 68.

I

Innocent III, pape, 5, 123.
Isaac (Me Jean), doyen en la faculté de Théologie de Paris, 147.

J

Jacobus Chairam, prêtre, 69.
Jaquelinus de Baudrevillari, chevalier, 86.
Jaquelinus Celerarius, bourgeois d'Etampes, 97-98.
Jacques Blaize, 145.
Jacques Beauboucher, prévôt d'Etampes, 129, 131, 133.
Jacques Chanqueau, prêtre, 52.
Jametus de Sancto-Petro, prêtre, 107.

L

Rebelli ou Roboli (Raymundus), clerc, 24, 77.
Reclardy (Pierre), 145.
Reginaldus Brunus, 87.
Reginaldus de Solavilla, chanoine de Notre-Dame d'Etampes, 107, 114.
Regnart (Etienne), 107.
Regnault (Simon), 91.
Regnault de Sarguz, chancelier de Bayeux, 59, 62.
Regnault Le Brun, 87.
Reims (Guillaume aux Blanches-Mains, archevêque de), 6.
Renardi (Johannes), 77.
Renardi (Stephanus), chanoine de Notre-Dame d'Etampes, 107.
Richard La Touffe, 88.
Richardis, femme d'Anseau de Fraville, 86.
Richarville (Agnès de), femme de Pierre, 130, 131, 133-136.
Richarville (Geoffroy de), écuyer, 133, 135.
Richarville (Pierre de), chevalier, 127, 128, 131, 133, 135.
Richerellis (Sancius de), chapelain de Notre-Dame d'Etampes, 23.
Rivoprofundo. Voy. Ruparfont.
Robert, roi de France, 68, 145.
Robert, abbé de Morigny, 97.
Robert de Charny, 59, 62.
Robert (M. Ulysse), cité, 9.
Robertus, chapelain, 69.
Robertus de Alveris, 68.
Robertus de Teignonvilla, 127.
Robertus Palicerii, 107.
Robin Sandrouet, 84.
Roboli (Guillelmus), chevecier de Notre-Dame d'Etampes, 23.
Roboli (Raimundus), 24.
Rodolis (Johannes de), chanoine de Notre-Dame d'Etampes, 23.
Rogier (François), religieux à Saint-Samson d'Orléans, 52.
Rome (Italie), chartes datées de ce lieu, 3-6, 27.
Rosiguno (Petrus de), chevalier, 86.
Roullin Paviot, 112.
Roussignaco (Petrus de), damoiseau, 128.
Rovre (Johannes de), clerc, 114.
Ruparfont (Gilles de), chevalier, 116-117.

S

Saillart (Perrin), 102.
Saint-Antoine (maison de). Voyez Aumônerie.
Saint-Basile d'Etampes, 3, 4, 8, 9, 12, 18, 20, 24, 35, 36, 47, 64, 112.
Saint-Benoît-sur-Loire (abbaye de), 53-54.
Saint-Denis (chapelle de), à Notre-Dame d'Etampes, 25.
Saint-Denis (Seine), charte datée de ce lieu, 18.
Sainte-Croix d'Etampes, 1-7, 32, 34, 44, 112, 113.
Sainte-Geneviève de Paris (abbaye de), 2, 5, 13.
Saint-Germain des Prés de Paris (abbaye de), 13.
Saint-Germain en Laye (Seine-et-Oise), charte datée de ce lieu, 25.
Saint-Gilles d'Etampes, 38.
Saint-Jacques de Bédégon (chapelle de), à Etampes, 24, 26, 83, 84.
Saint-Jacques de Compostelle (pélerins de), 24.
Saint-Jean d'Acre (Asie), chartes datées de ce lieu, 1-3.
Saint-Laurent du Château (chapelle de), à Etampes, 26, 136-143.
Saint-Martin d'Etampes, 40, 47.
Saint-Ouen (Seine), charte datée de ce lieu. 57.
Saint-Paul (chapelle de), à Notre-Dame d'Etampes, 25.
Saint-Pierre (chapelle de), à Notre-Dame d'Etampes, 24-25.
— faubourg, à Etampes, 10.
Saint-Samson d'Orléans (prieuré de), 52-55.
Saint-Victor de Paris (abbaye de), 29, 32.
Sainvillier, lieu-dit près d'Etampes, 10, 97-98.
Salazar (Tristan de), archevêque de Sens, 83.
Salomonis (Guillelmus), 23.
Sancius de Richerellis, 23.
Sancto Petro (Jacobus de), prêtre, 114.

Y

ACHEVÉ D'IMPRIMER

LE 25 OCTOBRE 1888

pour la

Société historique et archéologique du Gâtinais

Par M. E. BOURGES, imprimeur breveté

à

FONTAINEBLEAU

SOCIÉTÉ HISTORIQUE ET ARCHEOLOGIQUE DU GATINAIS

Fontainebleau. — E. Bourges, imp. breveté.

www.ingramcontent.com/pod-product-compliance
Lightning Source LLC
Chambersburg PA
CBHW072024080426
42733CB00010B/1803